元華文創

卓越文庫 EB020

臺灣政論散文的自由意識

臺灣為何是華人世界的民主堡壘

只因捲起自由思潮千堆雪

葉衽榤

著

序

　　本書以戒嚴時期的黨外雜誌為範圍，觀察其自由論述之形成與類型。本書主要運用的研究方法為場域概念，同時蒐集、統整與製作黨外雜誌自由論述與之表格，並展開政論雜文主題與現代詩脈絡之研究。黨外雜誌為戒嚴時代較為自由之場域，同時也蘊藏豐富的自由思潮政論雜文。另一方面，黨外雜誌也開闢不少現代詩發表空間。黨外雜誌的政論雜文與現代詩都帶有與時俱進的色彩。學界對黨外雜誌的研究，目前聚焦於對民主進展的作用。本書則從具代表性的黨外雜誌中，具體匯整出政論雜文，以自由論述的方向為切入點，分析黨外雜誌有關自由議題的文本。學界對戰後現代詩的研究，鮮少以黨外雜誌所刊載之作品為研究素材，故本書以處理黨外雜誌政論雜文為主，同時彙整刊登於黨外雜誌的現代詩文本。這些刊載於黨外雜誌的現代詩，有異於當時國家政策之外的刊物，體現出不同於反共、戰鬥、愛國文學的風貌。以戒嚴時代為背景，本書關注政論雜文中自由論述的訴求及其轉向，亦探討黨外雜誌現代詩的發展概況。

目　　次

第一章　前言

　　戒嚴時期的臺灣社會與文學受到政治影響，是以臺灣思潮與文學研究者在觀察臺灣思想與文學的發展時，無可迴避的必須面對臺灣特殊的政治背景脈絡。臺灣的戒嚴時期，黨外雜誌扮演重要的自由思潮傳播角色。由於戒嚴時期集權統治的關係，黨外雜誌面對時政追求自由，獲得地下讀者的喜愛，但同時也遭到政府當局的干預和阻撓。林淇瀁敘述「干涉《自由中國》言論的模式，後來也成為國民黨查禁「黨外」雜誌的模式」[1]，沈超群敘述「自 1960 年代起的自由主義雜誌，為威權體制下的另類抒發管道」[2]，林雯認為「七〇年代的臺灣民族主義論述（以《臺灣政論》、《美麗島》為代表）包括共同意識、政治獨立自主、歷史文化、地共同意識方面，認為臺灣移民類似美國移民，雖與母國同文同種但能超越民族之『血統』意義，進入新境界。」[3]，林清芬則說「黨外雜誌之所以會在臺灣發揮特殊作用的原因有很多，例如創辦雜誌需要的創辦費用較少；雜誌較具彈性，較能適應審查制度的不穩定性，因為雜誌的生存，並不全然依賴按時出版。更者，雜誌的物理特徵（保護性的封面，較能持久的紙張），也使它們較易在地下讀者圈中流通。」[4]上述論述說明自戰後以來黨外雜誌面對的時代

---

[1] 林淇瀁，〈新聞自由的苦門——以雷震與《自由中國》對出版法修正案的論述為例〉，發表於「雷震與基本人權座談會」，地點：臺北公務人力發展中心，2007 年 12 月 9 日，頁 3。

[2] 沈超群，〈白色恐怖與新聞自由——政經氛圍與黨外雜誌傳承的系譜（1950-1980）〉，《史轍：東吳大學歷史學系研究生學報》第 3 期，2007 年 7 月，頁 141。

[3] 林雯，〈黨外雜誌與民族主義——七、八〇年代臺灣的民族主義論述〉，東吳大學社會學系碩士論文，2001 年，頁 117。

[4] 林清芬，〈一九八〇年代初期臺灣黨外政論雜誌查禁之探究〉，《國史館學術集刊》第 5 期，2005 年 3 月 1 日，頁 253。

困境與突破能量，黨外雜誌具有重要的研究價值與意義。

　　黨外雜誌多如繁星，顯示戒嚴時期自由派知識分子的活躍，也代表追求自由的渴望。而星星之火，可以燎原。本書因時間與個人能力，僅能於星海之中摘取數個星星，以窺銀河之璀璨。本書主要自戒嚴時期數量龐大的黨外雜誌中，選出《自由中國》、《文星》、《美麗島》、《八十年代》、《自由時代》、《婦女新知》等刊物，觀察當中的論述，再進一步討論當中現代詩的刊載情況與特色。

一、本書目的

　　戒嚴時期，《自由中國》以降「在野」的黨外雜誌風起雲湧，政論家也前仆後繼的出現，為臺灣戰後的自由思潮提供了成長的養分，形成後來臺灣政治上重要的自由論述與民主理念的基礎。臺灣戰後的自由思潮，與文學創作、人文傳統有某種程度上的關係。雖然臺灣文學史的文學主流大多以鄉土派、現代派為重心，但事實上自由思潮傳統的文學脈絡也不容忽視。這一系統的文學軌跡，在政治上呈現追求自由理念的光譜，在文學內涵與創作技巧上多具人文傾向，並且在政治與文學的兩端產生密不可分的有機聯結。自由思潮的傳統，深刻且明顯的影響著臺灣文學的發展。在黨外雜誌裡出現的現代詩，雖然不一定都具備自由人文思潮，但卻有其重要的脈絡與可觀的產量。而在黨外雜誌中刊載的現代詩，確實是目前學界與文壇比較少碰觸的一塊，值得探勘。戒嚴時代的黨外雜誌，代表著臺灣知識分子前衛的思潮與政治良知，無論時代如何演變，這些雜誌都仍具有重要的意義與地位。而這些雜誌中的現代詩，也呈現多樣性與脈絡性，相當具有時代的意義。黨外雜誌當中的思想內涵極廣，議題與內容也具有時空的厚度與對臺灣未來的想像。由「黨內」與「黨外」的絕對性而言，黨外代表著自由的一方，黨外雜誌們代表了自由場域的生成。黨外雜誌的議題，象

徵的臺灣追求自由的過往身世，具有重要的研究價值。

　　戒嚴時期的黨外雜誌對於臺灣文學研究者來說，彷彿有著一面看不見的牆。這面牆即是站在「文學歸文學，政治歸政治」的基礎上，並被不斷渲染，導致雙方有些形同陌路。然而早在《自由中國》的「文藝欄」開始，黨外雜誌即對臺灣文學有著特別意義。此外例如《文星》、《八十年代》、《婦女新知》等，都有為數不少的文學作品存在。就黨外雜誌而言，現代詩專欄彷彿是另類的報紙「副刊」。一本專業的政治評論性質的黨外雜誌，特別設置的現代詩專欄或專頁有何特色？這些文學作品與主流臺灣文學有何差異？都值得我們深思。另一方面，刊載於這些黨外雜誌的文學文本，由於雜誌屬性的關係很容易被文學研究者所忽視。更進一步說，黨外雜誌其實為部分的臺灣文學作家打開了一個刊登作品的園地，並且這個園地是充滿「自由」性質的，因此別具意義。本書的背景為臺灣的戒嚴時期，研究對象為黨外雜誌與其現代詩文本，主要的研究取徑為先從黨外雜誌的自由論述進行雜誌精神的理解，再深入文學文本考察其特色。黨外雜誌為戒嚴時代相對自由的場域，精神上象徵一種對抗美學。本書的初始推論為，黨外雜誌的自由論述與現代詩，可能在一定程度上引爆了九〇年代臺灣文學的論戰。

　　本書主要的研究目的在於考察黨外雜誌的自由思潮，以及所刊載的現代詩之特色。黨外雜誌的「自由論述」與「現代詩文本」為兩種截然不同的文學類型，前者可歸類為概約的政論類雜文，後者為現代詩，無論表現形式、風格與文類都相去甚遠。然而，臺灣戰後的現代詩與政治思潮似乎有相當程度的反映社會的現象，例如現代主義、超現實主義、懷鄉詩、寫實詩、政治詩與後現代主義等。因此，本文假設現代詩的發展與臺灣社會的轉變有相對性的呼應關係，在此前提下同時處理黨外雜誌的自由思潮與現代詩議題，試圖導向兩者間的與社會的互文共振關係。在研究的過程中，另兩個目的在於蒐集、彙整與列表黨外雜誌的自由論述文章與現代詩。前者為重要的歷史文件，後者則為珍貴的文學史料，咸信值得進行系統性的

基礎整理工作。

　　本書選擇《自由中國》、《文星》、《八十年代》、《美麗島》、《自由時代》、《婦女新知》為探討對象。《自由中國》為臺灣戰後爭取自由的重要黨外雜誌，可以說是臺灣民主運動的啟蒙雜誌。儘管過去學界已經開發《自由中國》許多重要的議題，但在探討黨外雜誌的自由論述時，仍不免需將《自由中國》納入討論範圍，以求完整性。《文星》為接續《自由中國》的重要黨外雜誌，延續《自由中國》的自由思潮；尤其中西文化論戰的爆發，也延續《自由中國》裡的中西文化思辯。因此，本書選擇《文星》為探討對象之一。在《文星》之後，《臺灣政論》為臺灣黨外雜誌本土化的開始。《臺灣政論》啟發《八十年代》與《美麗島》兩份黨外雜誌。《八十年代》和《美麗島》對於臺灣黨外運動以及追求自由的意志，具有很大的影響力，因此也是本書探討的對象。在《八十年代》和《美麗島》之後，《自由時代》和《婦女新知》又分別代表著臺灣言論自由權和婦女權的高度發展。《自由時代》在鄭南榕的主持下，成為反抗政府箝制言論自由的重要場域；《婦女新知》在李元貞的開創下，對於推動臺灣婦運和女性自由解放有重要的意義，因此也是本書的重要探討對象

二、文獻回顧

　　本書的相關前行研究，主要可以分為黨外雜誌研究、自由論述研究與戰後現代詩研究等。除此之外，有關本書研究對象的黨外雜誌研究文獻，亦為重要的參考資料。總體來說，目前黨外雜誌、自由主義論述與現代詩的研究成果豐碩。不過，鮮少有將黨外雜誌與現代詩脈絡做雙軌研究者。此外，黨外雜誌的研究方外多數聚焦於對臺灣民主化的推波助瀾，也較少有學者觸及當中的自由議題的類型分析等問題。

　　單一黨外雜誌的研究眾多，但從總體方向或多種黨外雜誌進行考察者

則有限。從總論來分析黨外雜誌者，多從「新聞自由」、「民主運動」、「文化權力」與「民族意識」等四個方向進行討論。新聞自由部分，例如沈超群的〈白色恐怖與新聞自由──政經氛圍與黨外雜誌傳承的系譜(1950-1980)〉[5]一文從《自由中國》、《文星》、《大學雜誌》、《臺灣政論》、《八十年代》、《美麗島》等黨外雜誌的承接系譜關係，探討言論自由的發展情況，並證實新聞自由與白色恐怖迫害之間的演進脈絡。蕭淑玲的〈臺灣黨外雜誌對黨外運動的作用（1979~1986）──以《八十年代》系列、《美麗島》、《蓬萊島》系列兩大路線為例〉[6]則自黨外雜誌的成員與風格、文稿與議題、運動路線與組黨、面對打壓的反應與影響層面等架構黨外雜誌對「民主運動」的重要性。江詩菁的〈臺灣八○年代中國意識與臺灣意識爭奪戰：以兩大報系與黨外雜誌為分析場域(1979~1989)〉[7]與〈另一種聲音──黨外雜誌反抗國民黨「文化霸權」的發展脈絡(1975~1989)〉[8]均從文化權力的角度觀看黨外雜誌。江詩菁認為黨外雜誌以民主、人權、臺灣主體拆解霸權論述，除去中國化影響，也同時尋找身分新認同，並使用大量的歷史圖像召喚臺灣意識。「民族意識」方面有林雯的〈黨外雜誌與民族主義──七、八○年代臺灣的民族主義論述〉[9]，透過民族至上、政治獨立自主、主觀意識、共同的歷史文化、地緣、共同血緣等六個元素來分析黨外雜誌民族意識的形成。上述的四個研究方向，都準確的述及黨外雜誌的歷史意義與功能。本文則單純聚焦於與自由有關之文章，闡述黨外雜誌自由議題的

---

[5] 沈超群，〈白色恐怖與新聞自由──政經氛圍與黨外雜誌傳承的系譜（1950-1980）〉，《史轍：東吳大學歷史學系研究生學報》第 3 期，2007 年 7 月，頁 141-180。

[6] 蕭淑玲，〈臺灣黨外雜誌對黨外運動的作用（1979 - 1986）：以《八十年代》系列、《美麗島》、《蓬萊島》系列兩大路線為例〉，國立中央大學歷史研究所碩士論文，2006 年。

[7] 江詩菁，〈臺灣八○年代中國意識與臺灣意識爭奪戰：以兩大報系與黨外雜誌為分析場域（1979-1989）〉。《臺灣文化研究所學報》第 2 期，2005 年，頁 299-348。

[8] 江詩菁，〈另一種聲音──黨外雜誌反抗國民黨「文化霸權」的發展脈絡(1975-1989)〉，《臺灣史料研究》第 24 期，頁 52-100。

[9] 林雯，〈黨外雜誌與民族主義──七、八○年代臺灣的民族主義論述〉，東吳大學社會學研究所碩士論文，2001 年。

類型。無論是「新聞自由」、「民主運動」、「文化權力」或「民族意識」，大致而言都屬於自由議題的內在元素。本書以「自由議題」類型的分析為任務，展開不同於上述研究的考察。在此前行研究的基礎下，本文選擇的研究對象雜誌分別為《自由中國》、《文星》、《美麗島》、《八十年代》、《自由時代》與《婦女新知》等。

目前有關《自由中國》的研究眾多，主要可以分為胡適研究、殷海光研究、雷震研究、自由主義、民族運動、現代主義、黨外運動研究、文藝欄研究、媒體研究等。《自由中國》的研究成果相當豐碩，議題也相當多元化。

《自由中國》的研究多與政治議題有著直接關係，例如〈自由與平等：《自由中國》時期殷海光、夏道平對政治與經濟關係的反思〉[10]、〈自由的兩個概念——戰前臺灣民族運動與戰後《自由中國》集團政治論述〉[11]、〈《自由中國》知識分子的政治與文學——關於他們的批判性文學精神〉[12]、〈意識形態・媒介與權力：《自由中國》與五〇年代臺灣政治變遷之研究〉[13]等論述均為這方面的研究成果。當中〈《自由中國》知識分子的政治與文學——關於他們的批判性文學精神〉突顯黨外雜誌、政治、文學等場域的互動與影響情況。較為特殊的是林淇瀁的〈意識形態・媒介與權力：《自由中國》與五〇年代臺灣政治變遷之研究〉[14]，該文以《自由中國》半月刊的

---

[10] 何卓恩，〈自由與平等：《自由中國》時期殷海光、夏道平對政治與經濟關係的反思〉，《思與言：人文與社會科學雜誌》49卷2期，2011年6月1日，頁91-125。

[11] 吳叡人，〈自由的兩個概念：戰前臺灣民族運動與戰後《自由中國》集團政治論述(上)〉，《當代》116期，2007年5月，頁12-30；吳叡人，〈自由的兩個概念：戰前臺灣民族運動與戰後《自由中國》集團政治論述(下)〉，《當代》117期，2007年6月，頁60-75。

[12] 許菁娟譯，小山三郎著，〈《自由中國》知識分子的政治與文學——關於他們的批判性文學精神〉，《臺灣師大歷史學報》第31期，2003年6月，頁171-194。

[13] 林淇瀁，〈意識形態・媒介與權力：《自由中國》與五〇年代臺灣政治變遷之研究〉，國立政治大學新聞學系博士論文，2003年。

[14] 林淇瀁，〈意識形態・媒介與權力：《自由中國》與五〇年代臺灣政治變遷之研究〉，國立政治大學新聞學系博士論文，2003年。

論述為研究範域，以批判理論為基礎，聚焦於傳播、政治與歷史三個層次：傳播層次分析自由主義與威權主義的意識形態鬥爭，政治層次探討在野的政治精英與強人威權體制的權力衝突，歷史層次則歸結《自由中國》在臺灣報業史與政治史上的歷史意義，顯徵研究主題「意識形態、媒介與權力」三者的互動關係，並企圖藉此克服傳播史研究必須洞見歷史情境，給出意義的困難，建構出具有臺灣本土特色的傳播研究取徑。根據該研究指出，作為 1950 年代的異議媒介，《自由中國》以自由思潮概念批判政府，採取漸進改革和平理性的論述策略，獲得國民黨知識分子和本土政治精英認同，從而能在國民黨黨國威權主義的下以「小媒介」發揮政治傳播的大效果，展現「自由報業」理念，對 1950 年代社會產生啟蒙功能，也對 1970 年代之後的知識分子具有啟發作用。《自由中國》以自由主義對抗威權主義的典模，而其由論述到實踐的過程，更提供給其後出發的黨外運動借鏡，從《臺灣政論》、《八〇年代》以至於《美麗島》等政治論述媒介之出現，都源自《自由中國》名為媒介、實為權力制衡機器的示範。本文參考這些成果，從黨外雜誌的自由議題與現代詩之發展，進行與前行研究成果不同之考察。

　　目前與《文星》有關之研究，通常受到《文星》本身的中西文化論戰的色彩影響，多數以「文化運動」為分析重心。這一類的論述包括有〈異質他者·文化鏡像——《文星》與中西文化論戰〉[15]、〈時代的裂痕，世代的反思——《文星》、外省第二代、與戰後臺灣文化政治變遷〉[16]、〈臺灣五〇年代知識分子的文化運動——以「文星」為例〉[17]等文。以文化運動為焦點的論述，完整而立體的表現出《文星》雜誌的風格與特色。此外，

---

[15] 劉淑貞，〈異質他者·文化鏡像——《文星》與中西文化論戰〉，《文訊》313 其，2011 年 11 月，頁 78-82。

[16] 蕭阿勤，〈時代的裂痕，世代的反思——《文星》、外省第二代、與戰後臺灣文化政治變遷〉，《文訊》第 313 期，2011 年 11 月，頁 83-88。

[17] 陳正然，〈臺灣五〇年代知識分子的文化運動——以「文星」為例〉，國立臺灣大學社會所碩士論文，1985 年。

亦有由藝術、單一作家為研究對象的論述。

《美麗島》與《八十年代》雖然在臺灣政治史上具有舉足輕重的地位，但目前的研究多以「民主運動」與臺灣意識為主。關於這兩份雜誌的自由議題類型，目前較為缺乏。不過，〈集體記憶與認同構塑——以美麗島事件為例〉[18]從認同問題出發，展現了自由意識與認同形構的一定關係。此外，〈七十年代「臺灣意識」論述探求——以《大學雜誌》、《八十年代》、《美麗島》三本雜誌為中心〉[19]亦有相近的研究視角。另一篇〈臺灣黨外雜誌對黨外運動的作用（1979-1986）——以《八十年代》系列、《美麗島》、《蓬萊島》系列兩大路線為例〉[20]，則是由黨外運動的路線為考察點。

《自由時代》具有與《自由中國》自由精神的承繼關係。目前，學界關於《自由時代》的研究數量較少，以言論自由與民主運動研究為主，例如：〈《自由時代》系列雜誌與 1980 年代後期臺灣民主運動〉。[21]目前《婦女新知》的研究正如其雜誌名與基金會名所示，主要關注於女性運動。例如范碧玲的採訪分析文〈李元貞談現存的性別體系、臺灣的婦女運動、「婦女新知」的推行〉[22]與方瑄的研究〈性別‧權力‧啟蒙：《婦女新知》中的女性關懷（1982-2008）〉[23]都體現了對婦女運動的關注。而陳雅惠〈運動

---

[18] 翁秀琪，〈集體記憶與認同構塑——以美麗島事件為例〉，《新聞學研究》第 68 期，2011 年，頁 117-149。

[19] 林振平，〈七十年代「臺灣意識」論述探求——以《大學雜誌》、《臺灣政論》、《美麗島》三本雜誌為中心〉，國立臺灣師範大學中文系碩士論文，2004 年。

[20] 蕭淑玲，〈臺灣黨外雜誌對黨外運動的作用（1979-1986）——以《八十年代》系列、《美麗島》、《蓬萊島》系列兩大路線為例〉，國立中央大學歷史研究所碩士論文，2006 年。

[21] 何健銘，〈《自由時代》系列雜誌與 1980 年代後期臺灣民主運動〉，國立政治大學歷史學系碩士，2015 年。

[22] 范碧玲採訪整理，〈李元貞談現存的性別體系、臺灣的婦女運動、「婦女新知」的推行〉，《中國論壇》，29 卷 11 期，1990 年 3 月，頁 49-57。

[23] 方瑄，〈性別‧權力‧啟蒙：《婦女新知》中的女性關懷（1982-2008）〉，國立臺灣師範大學歷史學系碩士論文，2009 年。

刊物中性別論述的演變——《婦女新知》的語藝觀察〉[24]與曾于倫〈婦女新知基金會女性志工之性別意識發展與日常生活實踐〉[25]則以社會學的角度，分別就語藝和日常生活實踐對《婦女新知》展開探討。《婦女新知》顯然代表一種女性主義的自由思潮，並落實於女性生活的關懷，前行研究成果也切中這些層面。

由上述的文獻內容顯示，本研究對象的戒嚴時代黨外雜誌，前行研究無論在基礎層面或是議題上都有眾多的成果。但本研究在這些黨外雜誌的考察中，均關注自由議題類型，這是前行研究中尚未完整體現的研究取徑。另一方面，本書也關注現代詩在這些黨外雜誌的發展情況。早期的《自由中國》由於有聶華苓的存在，因此該雜誌的文學發展受到文學研究者的關注。然而，《文星》以降的黨外雜誌在文學方面則少受研究者青睞。不過，以《文星》、《八十年代》、《婦女新知》等為例，在內容上均有文學文本，尤其《婦女新知》具有特殊的女性觀點。本書嘗試別開蹊徑，在參考前行研究的考察角度之後，再以「現代詩」此文類的研究為第二軌，力圖整理重要的文學資料，並分析其在戒嚴時代的黨外雜誌中之發展，期待能在黨外雜誌與文學雙方面的研究往前再推進。

臺灣學界有關自由主義的研究雖眾，但與臺灣本身自由主義發展的論述卻有限。總體來說，目前研究臺灣自由主義發展的進路，主要有「憲政體制」、「法律學」、「對西方自由主義的接受」、「自由思潮發展史」、「黨外雜誌研究」、「自由主義對現代主義的啟發」等。研究方法上則可約分為哲學、史學與文學。在哲學部分，以「政治哲學」為大宗，大多探討西方自由主義如何傳播至臺灣，或是臺灣自由主義與西方自由主義的差距，乃至於得出臺灣沒有嚴謹的自由主義觀念的結果。在史學方面，則以雜誌史、

---

[24] 陳雅惠，〈運動刊物中性別論述的演變——《婦女新知》的語藝觀察〉，輔仁大學大眾傳播學研究所碩士論文，2000 年。

[25] 曾于倫，〈婦女新知基金會女性志工之性別意識發展與日常生活實踐〉，國立政治大學社會工作研究所碩士論文，2010 年。

黨外史、言論自由發展史等為大宗，主要處理在臺灣的自由主義發展過程中，具有何種歷史的演進意義與成績。在文學方面，則傾向於將自由主義為開啟現代主義的一個窗口。此外，亦有其他研究學者較少使用的研究方法，如傳播學、文化學的途徑，均值得借鏡。不過總體來說，自由主義的研究層面相當廣，多數以一個研究議題或單一雜誌為研究對象。

目前與本書相關的重要文獻也相當多，這些重要的研究主要以臺灣的自由主義、民族發展與國家前途等考察取徑為主。如江宜樺在《自由主義、民族主義與國家認同》[26]，中提出以自由主義為基礎的國家認同，能夠減少民族主義的流弊，並認為以多元文化的認同能夠制止民族沙文主義的氾濫。江宜樺的觀念在於利用自由主義的「容納」期待能夠包容各種不同立場，最終達到「和諧」解決問題的目的。就自由主義而言，個人的國家認同是對政治體制的認同。自由主義的國家認同基本上以憲政制度為基礎，因此原則上能包容更多的文化或學說，維持國家作，保障個人基本權利。換句話說，個人可以自由選擇他所認同的國家。雖然如此，自由主義仍然有其有缺失，有所不足者則由民族主義填補。江宜樺認為，臺灣的前途是要獨立或與中國統一，兩者的理論和社會基礎都尚未完整，如果能夠以自由主義為基底產生更為務實思考，或許能夠有效的找出臺灣前途走向。該書有助於本文理解，臺灣自由主義學者之思路，以及如何應用於實際政治運作上。此外，彭明敏文教基金會編的《臺灣自由主義的傳統與傳承：紀念「臺灣自救宣言」三十週年研討會論文集》[27]收錄多篇有關臺灣自由主義發展的學術論述，亦值得本書借鏡。

《自由中國》的研究成果頗碩，如薛化元的〈雷震的國家「統治機構」改革主張──對臺灣自由主義的一個考察〉[28]、〈雷震「國家統治」機關的

---

[26] 江宜樺，《自由主義、民族主義與國家認同》，臺北：揚智文化，1998 年。

[27] 彭明敏文教基金會編，《臺灣自由主義的傳統與傳承：紀念「臺灣自救宣言」三十週年研討會論文集》，臺北：彭明敏文教基金會，1995 年。

[28] 薛化元，〈雷震的國家「統治機構」改革主張──對臺灣自由主義的一個考察〉，《臺灣史料研究》第 20 期，2003 年 3 月。

改革主張〉[29]、〈《自由中國》地方自治主張的歷史考察〉[30]、〈臺灣自由主義對國家定位思考的歷史探討——以雷震及《自由中國》為例〉[31]等文研究進路為透過政治學的角度，輔以歷史史料的分析為主，為本書重要的前行研究，本文將奠基於這些基礎上，嘗試將雷震、《自由中國》與其它自由主義雜文相互連結，形成一個完整的自由主義脈絡。此外，《《自由中國》與民主憲政》[32]一書具有大量的基礎資料與分類索引，亦為本文重要的參考資料。除此之外，尚有何卓恩的《《自由中國》與臺灣自由主義思潮——威權體制下的民主考驗》[33]與《殷海光與近代中國自由主義》[34]、何信全的《戰後臺灣自由主義與新儒學的哲學論爭——當代自由主義與社群主義論爭視域下的重探》[35]、吳乃德的〈自由主義和族群認同：搜尋臺灣民族主義的意識形態基礎〉[36]、錢永祥的〈自由主義與政治秩序：對《自由中國》經驗的反省〉[37]與任育德〈雷震與臺灣民主憲政的發展〉[38]等均為本文的前行研究。這些論述多數為單一雜誌或單一思想家（或作家）的研究，本文

---

[29] 薛化元，〈雷震「國家統治」機關的改革主張〉，《二十一世紀》第 69 期，頁 66-70。

[30] 薛化元，〈《自由中國》地方自治主張的歷史考察〉，收錄於《東亞近代思想與社會——李永熾教授六秩華誕祝壽論文集》，臺北：新自然主義，1999 年。

[31] 薛化元，〈臺灣自由主義對國家定位思考的歷史探討——以雷震及《自由中國》為例〉，《臺灣風物》第 48 卷第 1 期，1998 年 3 月，頁 41-61。

[32] 薛化元，《《自由中國》與民主憲政》，板橋：稻鄉出版社，1996 年 7 月。

[33] 何卓恩，《《自由中國》與臺灣自由主義思潮——威權體制下的民主考驗》，臺北：水牛出版社，2008 年。

[34] 何卓恩，《殷海光與近代中國自由主義》，中國上海：上海三聯書店，2004 年。

[35] 何信全，《戰後臺灣自由主義與新儒學的哲學論爭——當代自由主義與社群主義論爭視域下的重探》，《行政院國家科學委員會專題研究計畫成果報告》，計畫編號 NSC91-2411-H-004-012，2002 年、2003 年。

[36] 吳乃德，〈自由主義和族群認同：搜尋臺灣民族主義的意識形態基礎〉，《臺灣政治學刊》創刊號，1996 年 7 月，頁 5-39。

[37] 錢永祥，〈自由主義與政治秩序：對《自由中國》經驗的反省〉，《臺灣社會研究季刊》第 1 卷 4 期，1988 年 12 月 1 日，頁 57–99。

[38] 任育德，〈雷震與臺灣民主憲政的發展〉臺北：政治大學歷史學系碩士論文，1999 年。

則以大範圍的脈絡研究為主，除了分析單一刊物的自由論述特色之外，也
處理刊物與刊物間的關連性，與現代詩的脈絡研究。

　　應鳳凰的〈「反共＋現代」：右翼自由主義思潮文學版——五〇年代臺
灣小說〉[39]、陳芳明〈國民意識：臺灣自由主義的舊傳說與新思考〉[40]等亦
為本文重要參考文獻。兩篇都透過文學中的自由主義來說明現代文學的起
點，然而卻都認為反共是激發自由主義的開始，而最後的結果是指向現代
主義的到來。依兩位學者說法，在時間線性上為反共、自由、現代。本文
站在此基礎上，嘗試從自由論述與現代詩的角度做一對照式的雙軌考察。
類似的觀點還有侯作珍的〈自由主義傳統與臺灣現代主義文學的崛起〉。[41]
侯文認為戰後臺灣現代主義文學的崛起，與五四以來形成的自由主義傳統
有相當的關係。自由主義作為五四精神重要成分，也透過胡適等知識分子
的傳播而成為一種思想傳統。1950 年代的臺灣，自由主義傳統經《自由中
國》、《文學雜誌》《文星》刊物的創辦而延續，並對臺灣的政治、思想文化
與文學發展產生影響。侯作珍續述三份刊物主張思想言論和創作自由，促
使戰後臺灣的文學主流，漸漸從反共文學向現代主義文學轉移，並與現代
詩、藍星、創世紀詩人保持良好互動，《文學雜誌》也直接啟發了《現代文
學》在現代小說創作上的成績，共同締造了 1960 年代蓬勃發展的現代文藝
運動。這種說法將文藝上的創作解放認定為自由主義的一種精神，可以視
為自由思潮一定程度上完成了文學的解放。

　　學界的戒嚴時期現代詩研究，得力於現代詩的前衛發展，使得研究成
果的積累也十分傲人。臺灣目前的現代詩研究史，事實上也與臺灣的解嚴
開放與本土化有密切的關係。戒嚴時期的現代詩研究，以現代詩史、現代

---

[39] 應鳳凰，〈「反共＋現代」：右翼自由主義思潮文學版——五〇年代臺灣小說〉，臺北：麥田
出版公司，收錄於《臺灣小說史論》，2007 年，頁 111-195。

[40] 陳芳明，〈國民意識：臺灣自由主義的舊傳說與新思考〉，收錄於《殖民地摩登：現代性與臺
灣史觀》，臺北：麥田，2004 年，頁 347-369。

[41] 侯作珍，〈自由主義傳統與臺灣現代主義文學的崛起〉，中國文化大學中文系博士論文，2003
年。

詩場域、現代詩論戰、現代詩典律、現代詩美學等研究視角為主。戒嚴時期的現代詩研究對象眾多，例如蔡明諺〈龍族詩刊研究——兼論七〇年代臺灣現代詩論戰〉[42]以詩刊為研究文本；余欣娟〈一九六〇年代臺灣超現實詩——以洛夫、瘂弦、商禽為主〉[43]以超現實主義三大代表詩人為對象；解昆樺《臺灣現代詩典律的建構與推移：以創世紀詩社與笠詩社為觀察核心》[44]以詩社為研究群體；阮美慧《戰後臺灣「現實詩學」研究——以笠詩社為考察中心》，[45]亦為一詩社研究；丁威仁《戰後臺灣現代詩史論：從現代與本土走向都市與網路》[46]則為現代詩發表方式之研究。總體來看，無論詩社、詩刊、發表園地均為現代詩的「場域」。當前現代詩的學界研究者，火力集中於各時期主流的現代詩流派考察。研究方式與對象，可以約分為單一詩人、單一詩集，單一詩刊、單一雜誌、單一報紙或單一時期的分析，亦有專文討論現代詩論戰、文學獎現象的論述。但總的來看，幾乎沒有人碰觸有關黨外雜誌中的現代詩，這可能與黨外雜誌本身的政治屬性有關。本書以此為切入點，經過資料的整理、文書分析與脈絡的觀察後，或可稍微填補這一塊文學史空白。本書參考上述之前行研究，從「黨外雜誌」此一發表場域，進行現代詩發展研究。

　　此外，布爾迪厄（Pierre Bourdieu）的場域概念，對於臺灣自由思潮推動者來說，可能身分、論述與文化（例如先進的自由主義觀念）為其可以擴大意志，並獲得自我滿足的感覺的重要依據。因為，在當時知識和社會思潮的生產模式中，身分、論述和菁英文化使每個自由思潮推動者似乎都

---

[42] 蔡明諺，〈龍族詩刊研究——兼論七〇年代臺灣現代詩論戰〉，國立清華大學中國文學系碩士論文，2002 年。

[43] 余欣娟，〈一九六〇年代臺灣超現實詩——以洛夫、瘂弦、商禽為主〉，東海大學中國文學系碩士論文，2003 年。

[44] 解昆樺，《臺灣現代詩典律的建構與推移：以創世紀詩社與笠詩社為觀察核心》，臺北：秀威科技，2013 年 1 月 17 日。

[45] 阮美慧，《戰後臺灣「現實詩學」研究——以笠詩社為考察中心》，臺北：臺灣學生書局，2008 年。

[46] 丁威仁，《戰後臺灣現代詩史論：從現代與本土走向都市與網路》，臺中：印書小舖，2008。

擁有與眾不同的位置，都能夠表述出特殊而具偏好的自由傾向，並都可以
標出自由論述所具有在內意義的符號。而這些，都是當時少數知識份子獨
有的知識。[47]在戒嚴時期，由於媒體受到政府的管控，這些黨外雜誌的自
由思潮顯然也受到監控，在不斷挑戰政府權力中嘗試擴大自由的基礎。布
爾迪厄的場域裡論，亦為本書借鏡的重要文獻。

三、問題意識

　　臺灣黨外雜誌場域雖然並非是固着不動的場域，並且往往隨著時代的
演進而產生核心領導者的變異。但不同時期的臺灣黨外雜誌場域領導者，
彼此之間卻繼承著自由的象徵資本。黨外雜誌本身載有相當複雜的自由意
識，也由此延伸出批判時政的特色。而每個階段的臺灣黨外雜誌場域領導
者，多少都透過前行代場域領導者的啟發，而開展出新的場域行動。雖然
這個戒嚴時代的自由場域充滿生氣，卻也飽受政府當局的打擊。場域活動
的領導者往往首當其衝，例如雷震、殷海光、李敖、黃信介、許信良、呂
秀蓮、鄭南榕、李元貞等。這些場域領導者，本身帶有一種知識分子的氣
息，多半具有諫言的風範。因此從上一節大方向的回顧黨外雜誌研究、自
由論述研究與現代詩研究等，接下來，試著從這些黨外雜誌文本中，突顯
這個場域對臺灣戒嚴時期社會的影響。

　　首先，本文欲探討戰後初期，在蔣中正極權統治下，當時知識分子如
何勇諫政府邁向民主自由？又是善用了哪些議題召喚人民對自由與時政的
關切？而在黨外場域中，最為重要的場域領導者與擁有資本者，是如何發
揮作用，以便向政府提出種種建言。由於戰後初期的黨外雜誌創造者，也
將是臺灣民主化歷程的起點，因此這些場域中的領導階層，本身的思想與

---

[47] Pierre Bourdieu, 1984. *Distinction: A Social Critique of the Judgment of Taste*. Cambridge, Mass.: Harvard UP..p371.

色彩也代表臺灣自由主義的導入與建構，有些甚至將自由主義與國家民族的前途結合為一。[48]因此他們關心的自由主義思潮面向至為重要，亦是本書觀察重點之一。其次，本書欲探討自由場域中的文化議題是如何早於時代的演變而具先行性？隨著時間演進至一九六十年代，兩岸情勢發生了變化。中國方面於1966年爆發文化大革命，臺灣方面在1967年推行中華文化復興運動。然而自1961至1963年之間，黨外雜誌即發生中西文化論戰。雖然文化大革命的經過與中華文化復興運動的精神，與中西文化論戰大相逕庭，但卻都接觸到「中國文化」此一核心。面對中國文化，以自由主義自居的知識分子引發哪些論辯，是本書關心的重點之一。

接著，本書欲探討自由思潮促使社會運動發展[49]。刊於一九七五年八月的《臺灣政論》[50]，發行人為黃信介，社長康寧祥，總編輯張俊宏，副總編輯黃華、張金策。此外，從《自由中國》、《文星》、《大學雜誌》相繼被停刊後，《臺灣政論》短暫的過渡自由主義及新生代的黨外場域領導地位。《臺灣政論》也繼承知識分子評時論政的路線，也增加大量在野反對聲音。《八十年代》、《美麗島》[51]在此背景下紛紛創刊，本書欲發掘在此中的場域變化為何？尤其，自由思潮將臺灣帶往社會運動的高潮，奠定了邁向自由化的基礎。

---

[48] 在《自由中國》裡，發刊詞敘述該雜誌為當時中華民國的同胞，無論在理論上或在實際上所應當以為政生活的目的重要雜誌。他認為一個民族生活在世界上，如果沒有較合理的政治生活，便不能有其他的好生活；而如果沒有一個自由的國家能夠保證人民的自由和安全，必不能有一個合理的政治生活，野不能在人類進步上有什麼貢獻。

[49] 《八十年代》的序言說道「我們深信，這是一個集體參與的時代，是一個群眾智慧的年代，不是一個敲鑼打鼓、捧拜英雄的時代。」儘管在路線上走批判性，而非街頭，言詞的鋒利引領著一代知識分子的思想。

[50] 《臺灣政論》在發刊詞中宣告：「在批判官僚制度的行徑上，在閉鎖的環境中所造成的諸種不合理的事象，發揮掃除髒亂的功能。」使命與方向都很明確，將走抗議政府路線，出刊後不久便遭到政府的期期查禁。

[51] 《美麗島》的發刊詞說「玉山蒼蒼，碧海茫茫，婆娑之洋，美麗之島，是我們生長的家鄉。我們深愛這片土地及嗷飲其乳汁長大的子民，更關懷我們未來共同的命運。同時我們相信，決定我們未來道路和命運，不再是任何政權和這政權所豢養之文人的權利，而是我們所有人民大眾的權利。」由於直指政權和人民權利之間的關係，出刊後不久即受到停刊的官方迫害。

　　進而，本書欲探討戒嚴末期自由權[52]與女權[53]的多元面向，《自由時代》、《婦女新知》分別代表著言論自由與女權自由的兩大面向。在戒嚴時代的末期，自由思潮將伴隨著言論的自由，以及女權自由的要求，呈現出哪些自由議題？當中的自由論述材料豐富而能體現當時封閉的社會情況，很值得進行分析與考察。最後，本書欲探討自由場域開創現代詩的自主脈絡。雖然現代詩在黨外雜誌場域中並非雜誌重心，但黨外雜誌場域中出現的文學文本，也具有相當的價值與意義。

四、研討方法

　　本書主要的研討方法為場域概念，配合文獻分析法等研究取徑，此外也參考相關的自由主義論述。場域概念為理論基礎，文獻分析法為實際執行寫作時的方法，自由主義相關論述主要作為參考、釐清黨外雜誌自由論述的思想概念之用。研究步驟部分，也依蒐集資料製表與分析研究等次序進行寫作。

(一) 研究取徑

　　布爾迪厄場域概念的真正意涵來自於各種關係的互相影響，只有在關係系統之中，這些「概念」才能夠獲得真實的意義。布爾迪厄主張的場域概念就是一種為了從「關係」的角度，進行思考的技術。布爾迪厄在解釋

---

[52] 在這個蔑視自由的小島上，自由、百分之百的自由，從來沒有過。李敖先生個人力爭自由的成績是第一名，因此本刊的第一期特地以他作為封面人物。同時，李敖先生在隱居生活中，猶自抱病接受本刊的訪問，暢談他對國民黨、黨外以及「兩性觀念」的看法。因為時間匆促，有些觀點尚未充分發揮，李敖先生將於他自己的千秋評論、他跟朋友合寫的萬歲評論以及本刊，不定期的繼續談論。

[53] 應當婦女們站出來，結合開明的男子們，共同為新的兩性社會，為我們發展中的國家，投注應有的關切和責任。

場域的邏輯時指出，場域的概念為關係互動的思考，存在社會世界裡的是
關係的運作，並非作用者之間的相互主觀的聯繫或交互作用。從概念發展
來看場域，乃是一種「社會空間」的概念。布爾迪厄以「社會空間」來指
涉社會世界的整體概念。社會空間就如同市場體系一樣，人們依據不同的
特殊利益，進行特殊的交換活動；而社會空間是由許多場域的存在而結構
化的，這些場域如同市場一樣，進行多重的特殊資本競爭（des capitaux
specufiques）當中包括經濟、文化、社會和象徵資本。場域可視為地位結
構的空間，而其地位與彼此的關係是決定各種資本或資源的分配，場域是
個鬥爭的場所，涉入其中的行動主體均試圖維繫或改變資本的分配形式。[54]
本研究將借助場域概念，理解黨外雜誌及其現代詩文本所受到有關結構
性、內部規則、折射關係等權力場域現象。

　　文學研究不僅關注文學的生態，也需留心文學社會。文學生產背後的
社會發展，往往會對文學史本身造成直接性的影響。從文學場域、文學生
產、文學射會等角度來觀察黨外雜誌中的自由論述文章，以及現代詩脈絡，
可能具有相當重要的意義。例如，黨外雜誌與文壇的互動關係，以及現代
詩在黨外運動中代表什麼意義。在「黨外雜誌」部分，本文先觀察單一黨
外雜誌的內在組成與精神，再擴大為對《自由中國》、《文星》、《美麗島》、
《八十年代》、《自由時代》與《婦女新知》等黨外雜誌間的成員互動與雜
誌精神影響；在「現代詩」部分，則是從關係的角度來進行思考，例如現
代詩刊載於黨外雜誌，對於黨外雜誌的重要性，另一方面，則從現代詩本
身的發展，來理解其場域互動。本書汲取場域概念來試圖理解黨外雜誌與
黨外雜誌現代詩的內在肌理與互動形成，尤其關切政治與社會變遷對於黨
外雜誌的自由論述與現代詩之發展的影響，希冀從中獲得不同於前行研究
的考察成果。

　　布爾迪厄的場域理論認為，一般研究裡關注的時代環境不應是大歷史
背景，以及讓研究者便於將文本與時代進行簡單的連結，而是化為具體的

---

[54] 詳見 Pierre Bourdieu 著，蔡筱穎譯，《布赫迪厄論電視》，臺北：麥田，2000。

場域與習癖的觀察過程。布爾迪厄的場域，是具有自主性和獨特性運作規則的象徵空間，是在一個場域中由種種活動的各種位置，形成客觀關係結構。由許多不同的位置相互的對應，讓一個場域能夠被建構出來。[55]布爾迪厄在場域當中所稱的位置，相對來說是複雜並且包涵度很廣的概念。位置可以是指各種「雜誌」（例如黨外雜誌、黨內雜誌等）或者「類型雜誌」（如政論雜誌、文化雜誌、女性雜誌），也可指抽象的美學位置，例如主流的美學、次文化的美學等。此外，作者、出版社、編者、雜誌等，無論具體或抽象，在場域當中都有某種位置和影響力，彼此都因其他位置者的存在而存在。場域的主要動力來自各種位置間的競合關係，這些關係帶動場域的結構再次翻轉和重組。[56]因為場域裡的每個位置都有資本，而資本能夠決定場域中位置與位階。因此，各種自由論述作者的文本與風格，就是場域位置獲取的一句。然而，布爾迪厄所指的位置獲得，並不是位置佔有者單純選擇，而是需要與場域內其他各種位置進行區別後才能獲得。[57]因此，場域裡的每個位置都有相對性，文學場域的便由這些資本形成的位置組成相互分配後的結構。只要位置與位置間出現變化，像是新的位置獲取行為帶來新的位置的出現（例如新的自由思潮推動者出現，產生位置上的變動）[58]，場域的結構也會隨之變動。[59]一個場域的生成與結構，通常是透過許多位置組合。而場域運作和結構的變動則是涉及習癖操縱生產者的社會決定性，即為布爾迪厄所謂的「習癖」（habitus）。布爾迪厄強調習癖是

---

[55] Pierre Bourdieu, 1993. *The Field of Cultural Production: Essays on Art and Literature*, Randal Johnson edited, Cambridge: Polity Press.p145.

[56] Pierre Bourdieu, 1996. *The Rules of Art: Genesis and Structure of the Literary Field*. trans. Susan Emanuel. Stanford: Stanford UP..p234.

[57] Pierre Bourdieu, 1996. *The Rules of Art: Genesis and Structure of the Literary Field*. trans. Susan Emanuel. Stanford: Stanford UP..pp193-99.

[58] Pierre Bourdieu, 1993. *The Field of Cultural Production: Essays on Art and Literature*, Randal Johnson edited, Cambridge: Polity Press.p30.

[59] Pierre Bourdieu, 1996. *The Rules of Art: Genesis and Structure of the Literary Field*. trans. Susan Emanuel. Stanford: Stanford UP..pp237.

連結場域結構與個體行為間的重要環節，是歷史的起承轉合與結構變動的關鍵。習癖提供個體如何動作與反應的，雖然並非嚴格的決定所有行動，但是卻具有導向的功能。 所以習癖可以說是併合化的歷史，一方面是歷史產物，另一方面也再造歷史。[60] 總合上述，藉用布爾迪厄的概念把文學場域看作是一個「當下的和潛在的」（actual and potential）位置與位置攫取的空間（1996:232），那麼我們便能掌握在 一個自主性較高的文學場域裡，文學產物是如何按照某種邏輯進行轉譯而生成 的。這個邏輯不但涉及到習性操縱生產者的社會決定性，也涉及到與作品的生產 處於同一時刻的對場發揮作用的社會決定性，例如經濟危機、某種社會運動、革命等等。

(二) 本書結構

　　本書依黨外雜誌的時間先後順序，共分為六章。第一章為前言，下分四節。第一節為本書目的，第二節為文獻回顧，第三節為問題意識，第四節為研討方法。第一章的部分，主要敘述本文研究緣起、相關研究的探討以及研究問題與方法。第二章為自由思潮的奠基與傳播，主要討論《自由中國》三傑的自由論述，以及由《自由中國》開始的時政批判。第一節為《自由中國》的生與死，第二節為胡適、殷海光與雷震的自由論，第三節為「今日的問題」的時事評判，第四節為非官方色彩詩學。第三章為中西文化論戰的衝突，主要討論《文星》的中西文化論戰問題，以及《文星》當中的現代詩特色。第一節為《文星》的興與亡，第二節為中西文化論戰的現代化問題，第三節為地平線詩選的浪漫開展，第四節為文星詩選的鄉愁美學。第四章為民主運動的濫觴與開展，《臺灣政論》啟發了《八十年代》與《美麗島》的出版，而《八十年代》與《美麗島》為黨外街頭運動開啟了重要的里程碑，本章探討這兩份黨外雜誌的民主政治論述。第一節為《八十年代》與《美麗島》的萌與猝，第二節為《八十年代》的政治論述，第

---

[60] Pierre Bourdieu, 1993. *The Field of Cultural Production: Essays on Art and Literature*, Randal Johnson edited, Cambridge: Polity Press.p145.

三節為《美麗島》的民主論述，第四節為政治詩的濫觴。第五章為自由權與女權的議題類型。分別敘述《自由時代》與《婦女新知》的自由議題類型。第一節為《自由時代》與《婦女新知》的創與止，第二節為《自由時代》週刊的自由議題類型分析，第三節為《婦女新知》的自由議題，第四節為《婦女新知》的女性文學推廣。第六章為結語，總結全書。

第二章　自由思潮的奠基與傳播

　　臺灣戰後戒嚴時期自由主義的發展與濫觴，和中國知識分子的跨越海峽[1]西渡至臺有密切的關係，主因就是《自由中國》這份雜誌所開創出來的自由思潮，影響了整個戒嚴時期非官方的主流社會思潮。《自由中國》由挺蔣政權至反對蔣中正連任，乃至於支持中國國民黨到呼籲黨外組黨，都直接體現自由精神。而《自由中國》的主要代表人物，包括胡適、雷震、殷海光等，都由於在「自由中國的所在地臺灣」、「《自由中國》雜誌」、「黨外自由運動」的脈絡裡不斷推波助瀾臺灣自由思潮，從而深化其「自由人物象徵」。

　　若將《自由中國》視為一個場域，可以觀察到臺灣自由思潮的場域並非是僵化而固著的。場域在布爾迪厄的概念中，主要以場域、習癖和資本所構築而成，用較一般的語言來描繪，場域其實類近於文壇的「壇」，思想界的「界」，政體的「體」。[2]場域本身即是利用在一個空間位置裡，來比喻權力的競爭、消長與抗衡關係。《自由中國》本身就牽涉了文壇的「壇」，思想界的「界」，政體的「體」，從本質來看，等同具有多重場域意義的跨域場域。

　　另一方面，《自由中國》本身並非單純的「黨外雜誌」。由國民黨統治大中國的背景，當蔣氏政權遷臺後以自由中國自居的脈絡來看，《自由中國》

---

[1]　臺灣戰後初期有兩個重要的群體，一個是跨越海峽的一代，另一個為跨越語言的一代。跨越海峽指 1949 年後由中國跨越海峽來到臺灣的一代。另一個群體為跨越語言的一代，指由日治時期日本統治下慣用日語的臺灣本地人，在戰後改用華語的一代。

[2]　布爾迪厄、華康德，《實踐與反思──反思社會學導引》，中國北京：中央編譯局出版社，1998年，頁 134。

是一份共產中國之外的雜誌。由反共文學為大宗的一九五〇文壇來看，《自由中國》為非官方文學空間的非主流雜誌，為一個複雜而動態的場域。在《自由中國》這個場域當中，無論從文壇的「壇」，思想界的「界」，政體的「體」來看，以胡適、雷震、殷海光三巨頭為象徵的自由派人士，於《自由中國》所倡議的自由思想，代表著一種「進步」的觀念。

胡適為中國五四運動的提倡者，更提出應重視德先生與賽先生的觀念，特別提出諸多改革的進步觀念，其中便具有自由即進化的思想。楊貞德針對胡適的進化與自由觀念，始於 1904 年至上海求學時接觸到自強、進化、自由的概念，之後 1910 年胡適前往美國，更進一步將近化與自由連結起來。胡適認為當代文化中最進步者即是西方文化，其中的科學、自由與民主特別值得中國人學習，並據此批判保守主義者的立場。到了 1926 年胡適則認識到中西文化之間的差別，認為近代西方文化仍有其弊端，需要透過東方文明互補。隨國際情勢變化，1930 年中日之間的情勢緊張，胡適開始提出中國應該民主化或保持獨裁的論述。二戰之後，乃至於國內內戰，胡適都提出以民主自由對抗獨裁共產的理念。[3]而這一股胡適的民主自由思潮，隨著國民黨在中國對抗共產黨的失敗，一起「播遷」來臺。若從這個「西渡」的自由思潮脈絡來看，戰後臺灣的自由主義可說是從中國五四傳統後的一代知識分子傳播而來。[4]以場域的角度來看，胡適以自由主義對抗共產主義，而因戰局的急轉，自由場域的地域從中國轉移至臺灣。欲考察自由主義來到臺灣的軌跡，首要面對的便是《自由中國》這個重要的自由場域。

3　楊貞德，〈進化與自由——胡適自由主義中的歷史觀及其意涵〉，《中國文哲研究集刊》第 14 期臺北：中研院文哲所，1999，頁 257-324。

4　臺灣日治時期雖已有偶發與零星的自由理念提倡，但當時以林獻堂為主的人士所倡議的議會制度，與戰後所發展的自由脈絡，並沒有直接而相互銜接的關係。尤其在思想上，並沒有形成一定的脈絡。

一、《自由中國》的生與死

　　《自由中國》雜誌最初為中華民國政府尚在中國大陸時期時，由具有自由思潮傾向的知識份子們所構思。[5]當時有一部分國民黨黨員和自由主義知識分子，認為要堅決的進行反共宣傳，就必須要有一宣揚自由民主的言論機關，因此胡適、雷震、杭立武、張佛泉等人，商討創辦《自由中國》雜誌。但由於戰情演變，不久後中華民國政府暫退臺灣，《自由中國》雜誌無法在中國大陸地區發行，因此於 1949 年 11 月在臺北創辦，由胡適擔任發行人，主要的編輯是雷震和殷海光。

　　《自由中國》創辦之初，與總統蔣中正關係密切，立場傾向擁蔣。但隨韓戰的爆發，蔣中正重新獲得美國的重視，原本希望任用自由派人物改善政府形象、以便爭取美援的政策因此轉向。其次，因國民黨實施黨內的改造後，配合蔣中正勢力的強人威權政治體制成形，因此讓黨內的自由派政治人物由於不滿蔣的政策，紛紛求去，蔣遂與自由派人士漸行漸遠。《自由中國》的方向和風格也因此改變，從批判共產主義轉向討論臺灣內部問題，並從擁蔣到批蔣，更不斷的指出國民黨政府內政策的諸多問題，導致和執政當局關係逐漸惡化。1954 年 5 月，雷震在《自由中國》刊登投書〈搶救教育危機〉一文，批評黨國干擾學校教育（如救國團）之後，12 月蔣中正在「宣傳匯報會」上下令開除其黨籍。[6]1957 年 7 月起，《自由中國》更以「今日的問題」為總標題，連續發表十五篇社論，指出政府一黨獨大為所欲為的情況， 1959 年 6 月起《自由中國》也連續發表多篇文章，反對蔣中正尋求總統三連任。雷震在 1960 年 9 月 4 日遭到逮捕，為其罪名是「包

---

[5]　江宜樺，《自由民主的理路》，臺北：聯經出版社，2001 年 9 月 15 日，頁 290。

[6]　薛化元，《《自由中國》與民主憲政》，臺北：稻鄉出版社，1996 年 7 月，頁 120。

庇匪諜」，《自由中國》也因此遭到停刊的命運。[7]

　　如將臺灣黨外雜誌視為一個大型場域，那麼《自由中國》則是開啟這個場域的初始。而臺灣黨外雜誌這個場域，則是被包覆於「臺灣政治」這個更為廣闊的場域之中。在臺灣黨外雜誌此一場域內，場域主導權並非是具競爭關係的權力更迭，而是隨著時代演進，原本在這個場域內具領導地位的雜誌，由於在更大的「臺灣政治」這個場域中競爭失勢，發生「查禁」或「解散」，而讓其他的黨外雜誌在「黨外雜誌」這個場域中接力而起。

　　回到布爾迪厄的場域概念來談，在戒嚴時期臺灣「黨外雜誌」這個場域之中，所有的權力都來自於「自由」言論的文章。也就是說，這個場域不需要許多的關注或閱聽眾，而只需有不屬於黨內的雜誌，以及具自由思潮的文章即可形成。這些有關自由的論述文章，本身就是一種權力。不同的思想家與文章之間，則構成權力的關係。只是，這樣的權力場域，在爭相較量對於自由的追求程度時，受到更大的政治場域的干擾，因而產生不安因素。如前所述，布爾迪厄的場域概念，除了場域本身之外，尚有習癖與資本兩大重要關鍵。先將自由思潮文章視為一種「黨外雜誌」場域內的權利表現，進一步可推出此場域內的習癖和資本類比。

　　將自由論述文章當成「黨外雜誌」場域中的權力展現時，其內在的「遊戲規則」則可被類比為習癖。在任一場域內，都有一套自我的遊戲規則，場域中的所有活動者均有如遊戲參與者。在這套遊戲規則中，越能掌握與發揮遊戲規則者，就越能在場域中取得更大的優勢。這些遊戲規則是內化或不成文的。

　　「黨外雜誌」場域內的遊戲規則，在戒嚴時期的背景之下，顯然是針對「黨內」所應運而生的爭取自由之論述。在這個場域中的遊戲規則即是在自由論述文章中淋漓發揮，進而讓發言者（遊戲參與者）成為黨外雜誌中完全掌握遊戲邏輯者，最終形成場域內重要的領導者。從這個觀點去看黨外雜誌，自由派黨外雜誌的發言發刊發行者，在與戒嚴時期的「黨內」

---

[7]　薛化元，《《自由中國》與民主憲政》，臺北：稻鄉出版社，1996 年 7 月，頁 144。

國民黨抗衡的過程中，爭取自由的聲量越大，代表越能將此習癖內化於自身，使得自身化為場域的重要權力者。談到布爾迪厄的場域概念，不可忽視其主張的最後一個關鍵：「資本」。資本約可分為四種：經濟資本、文化資本、社會資本與象徵資本。[8]將《自由中國》的生與死，看成一個場域的生成與死亡，或場域本身的越域與轉化，可從經濟資本的層面來窺探。

　　《自由中國》成為黨外雜誌的同時，即戰後臺灣黨外雜誌場域的誕生。《自由中國》的經濟資本，基本上是由雷震奔走而來。胡適在場域中的位置，則比較偏向象徵的層面。殷海光的學者風格與論述能量，顯然在此中是最能掌握自由思潮理論者。《自由中國》的三個重要人物，在黨外雜誌中佔有不同的位置，也為整個戒嚴時期的黨外雜誌場域開創了典範。中國在國共內戰後，以中國國民黨與中國共產黨為象限，出現了幾種立場的抉擇。首先第一種是對國民黨與共產黨都不支持者，如張君勱；第二種為不支持國民黨但同時也不反對共產黨者，如梁漱溟；第三種為不支持國民黨但支持共產黨者，如救國會成員；第四種為支持國民黨而反對共產黨者，如胡適、雷震、殷海光、傅斯年等人。[9]1949 年之前中國的自由主義知識分子，雖仍在國民黨與共產黨兩者間搖擺而尋找生存之道，但仍可於「中國」這個戰亂而飄盪的巨大場域中尋找有利發展的條件。但國共戰爭之後，這種遊蕩於左右間情況顯然消失了。自由派的知識分子無法向共產世界低頭，因此只能選擇以自由政權自居的中國國民黨。一九五〇年代跟隨國民黨政權抵達臺灣的自由主義知識分子，便播遷於臺灣政治場域。雖然戰後初期的自由思潮是由中國傳播而來，但到了更晚的《臺灣政論》，則進入本土化的時代。

---

[8] 布爾迪厄、華康德，《實踐與反思——反思社會學導引》，中國北京：中央編譯局出版社，1998年，頁 134。

[9] 任育德，《雷震與臺灣民主憲政的發展》，臺北：政大史學叢書，1999，頁 77。

二、胡適、殷海光與雷震的自由論

胡適對於中國政治的言論參與，自五四以來除了抗戰期間擔任外交工作之外，幾乎沒有間斷過。胡適的自由主義政治立場，主要透過創辦、主持言論刊物等方式實現。近年隨著胡適研究的興起，胡適創辦與改組的《努力週報》、《新月》、《獨立評論》等刊物的學界研究也受到注目。

然而，對於離開中國之後的自由派人士，如胡適等知識分子，在臺灣另起爐灶而建立的自由思想據點《自由中國》，可能才是這些自由主義人士思想較為成熟的時期。胡適晚年的思想，和《自由中國》的活動有某些程度上的連動關係。胡適也代表中國五四運動後的自由精神，有相當成分透過《自由中國》傳播至臺灣，並延續至整個戒嚴時期。

若將胡適視為中國五四運動的領導者，而其在中國自由思潮的主張，伴隨著跨海峽的一代來到臺灣，同時也就將五四的自由思想傳播至臺。在過去，無論學界、思想界或是文學界，臺灣通常慣將中國文化思想傳統視為縱的繼承，而將西方的思潮視為橫的移植。胡適自五四運動以來所形成的自由思想，在臺灣戰後傳播至臺的歷程為某種程度的橫的移植。

胡適本身的自由主義思想養成背景，受到美國與歐陸的影響甚深，其在臺灣鼓吹的自由思想源自西方，因此對臺灣來說是橫的移植。其次，臺灣本身有自成一脈的本土文化，與中國有關的文化主要來自清治時期的清帝國傳統文化，而五四之後的文化影響臺灣的模式，由於當時臺灣為日本帝國的成員，因此通常屬於仕紳由境外傳播移入，因此應該也計入橫的移植。

胡適來臺後的背景，為中國新政權中華民國代盟軍接管臺灣，而思想上的傳播，亦屬橫的移植。臺灣戒嚴時代自由場域的形成，在自由主義或黨外雜誌這兩方面，原則上都屬於橫的移植。更重要的是，胡適本身主張

「全盤西化」，在《自由中國》時期也出現了西化與中國傳統的對立情況，後來也直接或間接的引發了《文星》的「中西文化論戰」。因此，就臺灣的立場而言，胡適的自由主義是屬於橫的傳播，對於中國來說，亦如是。因此胡適的自由主義的傳播，以及臺灣的黨外雜誌場域，都是自由主義的橫的傳播。

　　胡適在《自由中國》一共刊登 26 篇文章，這 26 篇文章分別是：〈民主與極權的衝突〉[10]、〈共產黨統治下決沒有自由〉[11]、〈致本社的一封信〉[12]、〈十年來中美關係急趨惡化的原委〉[13]、〈「自由中國」雜誌三週年紀念會上致詞〉[14]、〈國際形勢與中國前途〉[15]、〈東亞的命運〉[16]、〈三百年來世界文化的趨勢與中國應採取的方向〉[17]、〈追念吳稚暉先生〉[18]、〈從「到奴役之路」說起〉[19]、〈中國古代政治思想史的一個看法〉[20]、〈明清名賢百家書札真迹序〉[21]、〈介紹一本最值得讀的自傳〉[22]、〈「寧鳴而死，不默而生」〉[23]、〈胡適之先生的一封信〉[24]、〈丁文江留英紀實〉[25]、〈述艾森豪總統的

---

[10] 胡適，〈民主與極權的衝突〉，《自由中國》第 1 卷第 1 期，1949 年 11 月，頁 5-8。

[11] 胡適，〈共產黨統治下決沒有自由〉，《自由中國》第 2 卷第 3 期，1960 年 9 月，頁 3-4。

[12] 胡適，〈致本社的一封信〉，《自由中國》第 5 卷第 5 期，1951 年 9 月，頁 5。

[13] 胡適，〈十年來中美關係急趨惡化的原委〉，《自由中國》第 5 卷第 5 期，1951 年 9 月，6-7。

[14] 胡適，〈「自由中國」雜誌三週年紀念會上致詞〉，《自由中國》第 7 卷第 12 期，1952 年 12 月，頁 4-5。

[15] 胡適，〈國際形勢與中國前途〉，《自由中國》第 7 卷第 12 期，1952 年 12 月，頁 6-9。

[16] 胡適，〈東亞的命運〉，《自由中國》第 8 卷第 1 期，1953 年 1 月，頁 4。

[17] 胡適，〈三百年來世界文化的趨勢與中國應採取的方向〉，《自由中國》第 8 卷第 3 期，1953 年 2 月，頁 4-6。

[18] 胡適，〈追念吳稚暉先生〉，《自由中國》第 10 卷第 1 期，1954 年 1 月，頁 5-6。

[19] 胡適，〈從「到奴役之路」說起〉，《自由中國》第 10 卷第 6 期，1954 年 3 月，頁 4。

[20] 胡適，〈中國古代政治思想史的一個看法〉，《自由中國》第 10 卷第 7 期，1954 年 4 月，頁 6-10。

[21] 胡適，〈明清名賢百家書札真迹序〉，《自由中國》第 10 卷第 12 期，1956 年 6 月，頁 23。

[22] 胡適，〈介紹一本最值得讀的自傳〉，《自由中國》第 12 卷第 1 期，1955 年 1 月，頁 5-7。

[23] 胡適，〈「寧鳴而死，不默而生」〉，《自由中國》第 12 卷第 7 期，1955 年 4 月，頁 5-6。

兩個故事 蔣總統祝壽〉[26]、〈梁任公先生年譜長編初稿序〉[27]、〈林肯一百五十年的生日紀念〉[28]、〈容忍與自由〉[29]、〈給本社編輯委員會一封信〉[30]、〈論初唐盛書還沒有雕板書〉[31]、〈記美國醫學教育與大學教育的改造者弗勒斯納先生〉[32]、〈虛雲和尚年譜討論〉[33]、〈赫爾躍靜錄序〉[34]。以下，探討胡適在《自由中國》裡的重要論述，觀察胡適在臺灣的自由思想內涵。

胡適在〈民主與極權的衝突〉[35]一文中敘述在第二次世界大戰後，有部分的民主國家領導者，開始對極權主義國家[36]展開攻擊與抵禦。胡適分

---

[24] 胡適，〈胡適之先生的一封信〉，《自由中國》第 14 卷第 8 期，1956 年 4 月，頁 33。

[25] 胡適，〈丁文江留英紀實〉，《自由中國》第 14 卷第 9 期，1956 年 9 月，頁 7-8。

[26] 胡適，〈述艾森豪總統的兩個故事 蔣總統祝壽〉，《自由中國》第 15 卷第 5 期，1957 年 3 月，頁 8。

[27] 胡適，〈梁任公先生年譜長編初稿序〉，《自由中國》第 19 卷第 02 期，1958 年 7 月，頁 10-11。

[28] 胡適，〈林肯一百五十年的生日紀念〉，《自由中國》第 20 卷第 4 期，1959 年 2 月，頁 8。

[29] 胡適，〈容忍與自由〉，《自由中國》第 20 卷第 6 期，1959 年 3 月，頁 7。

[30] 胡適，〈給本社編輯委員會一封信〉，《自由中國》第 20 卷第 7 期，1959 年 4 月，頁 13。

[31] 胡適，〈論初唐盛書還沒有雕板書〉，《自由中國》第 21 卷第 1 期，1959 年 7 月，頁 7-9。

[32] 胡適，〈記美國醫學教育與大學教育的改造者弗勒斯納先生〉，《自由中國》第 21 卷第 10 期，1959 年 11 月，頁 18-19。

[33] 胡適，〈虛雲和尚年譜討論〉，《自由中國》第 21 卷第 12 期，1959 年 12 月，頁 6-7。

[34] 胡適，〈赫爾躍靜錄序〉，《自由中國》第 20 卷第 6 期，1960 年 3 月，頁 6-8。

[35] 胡適，〈民主與極權的衝突〉，《自由中國》第 1 卷第 1 期，1949 年 11 月，頁 5-8。

[36] 胡適敘述伊司曼提出極權主義國家的特色和定義，大約有二十項：一、狹義的國家主義情緒，提高至宗教狂的程度； 二、由一個軍隊般嚴格約束的政黨，來執掌國家的政權； 三、嚴屬取締一切反對政府的意見； 四、把超然的宗教信仰，降低到國家主義的宗教之下。五、領袖是一般信仰的中心，實際上，他也就等於一個神；六、提倡反理智反知識，諂媚無知的民眾。嚴懲誠實的思想；七、毀滅書籍，曲解歷史及科學上的真理；八、廢除純粹尋求真理的科學與學問；九、以武斷代替辯論、由政黨控制新聞；十、使人民陷於文化的孤立，對外界真實情況，無從知曉。；十一、由政黨統制一切藝術；十二、破壞政治上的信義，使用虛妄偽善的手段；十三、政府計劃的罪惡；十四、鼓勵人民陷害及虐待所謂「公共敵人」；十五、恢復野蠻的家族連坐辦法，對待這種「公共敵人」；十六、準備永久的戰爭，把人民軍事化；十七、不擇手段的鼓勵人口增加；十八、把勞工階級對資本主義革命的口號到處濫用；十九、禁止工人罷工及抗議，摧毀一切勞工運動；二十、工業、農業、商業、皆受執政黨及領袖的統制等。詳見胡適，〈民主與極權的衝突〉，《自由中國》第 1 卷第 1 期，1949 年 11 月，頁 5-8。

析，這些自由世界的國家領導者領袖者們，之所以理解極權國家反對民主運動的嚴重程度，是黨導因於二戰時期，數十幾個自由民主國家在短時間內就被極權強人迅速征服有關。特別是，歐洲戰場以及戰爭帶給英美各國的戰爭威脅，都讓自由世界的民主國家，都完全體會民主與極權的衝突的可怕。而通常發動攻擊的一方，都是計劃相當縝密的極權主義，讓民主制度和民主文化的國家飽受蹂躪。因此胡適認為民主主義和極權主義的衝突，大致上有兩種情況突：第一種是「急進革命的方法」和「漸進改善的方法」的衝突；第二種是「企圖強迫劃一」與「重視自由發展」的衝突。而胡適所支持的民主生活方式和民主的制度是需要透過一套論述進行辯護的，因此國家需要健全個人主義的價值，也應讓國民對民主自由有清楚的了解，政府對民主主義的緩慢發展，也應提出改善的方法。胡適表示國家社會的進步是日積月累的，如果個人不能夠有自由的發展，社會離文明還很遠。

胡適為自由主義的信奉者，同時痛恨極權統治，自然在國共內戰對峙的局面下，對共產主義有嚴厲的批判與諷刺。在 1949 年 5 月十，香港某份報紙上登出一封北平輔仁大學校長陳垣給胡適的公開信。當年 6 月這封信的英文譯本也從香港傳播到世界各地。胡適自述這幾個月以來，這封公開信時常被共產黨人或共產黨的同路人引用。由於信中有諸多的疑點，尤其語氣和用詞與陳垣有所不同。因此胡適感嘆他當時已經沒有說話的自由了。同時，胡適也批判中國共產黨，認為這一封陳垣給胡適的公開信，可以證明在共產黨統治下，絕對沒有學術思想自由。[37]

在這封致《自由中國》的信中，胡適正式提議要求取消「發行人胡適」的標示。胡適表示這是他有感而發的誠懇提議，也請《自由中國》的同仁能夠原諒他這個決定。起因是《自由中國》第四卷十一期有「政府不可誘民入罪」的論述，但次期就出現配合官方的「再論經濟管制的措施」之論述。胡適認為《自由中國》如果不能有言論自由，無法有負責態度批評實

---

[37] 胡適，〈共產黨統治下決沒有自由〉，《自由中國》第 2 卷第 3 期，1960 年 9 月，頁 3-4。

際政治，這是臺灣政治史上的汙點。 因此胡適以正式辭去「發行人」的方式，表示贊成「不可誘民入罪」的社評同時也抗議極權政府軍事機關干涉言論自由。[38]

胡適認為中美關係在當時正逐漸的惡化，起因是 1942 年中國受美國政府的邀請，和英、美、蘇三國共同簽訂聯合國宣言。然而胡適敘述中國的苦難便從這次的簽約開始，這令中國成為反抗德日侵略的三大強國同盟會。因此，中國成為世界四強之一。然而，從此中國與盎格魯撒克遜同盟國的關係便越來越不順利。胡適認為中國太過自傲，特別是中國期待將自己放在亞洲領袖的位置上，因為國家本身還記得孫文與國民黨當初建黨的誓言，也就是幫助每一個亞洲民族都能從帝國主義中獲得自由。而中國最大的困難，即是無法有效的實現盟友的期望。中國當時仍為上億人口的大同盟國。因此，美國不僅期望中國在亞洲的中國戰場上能夠自持，並期望中國加緊訓練，以便備有效呼應聯合大反攻，但中國始終積弱不振。在美國人心目中，中國是大同盟中最弱的一員，必須被改造和改革。而當中國有時無法順應改造中的任何特殊的方針或計劃時，中國便容易被美國早日的厭憎，這便是中美關係交惡的原委。[39]

在《自由中國》雜誌的三週年紀念會中，胡適仍然推辭發行人的頭銜，但卻以《自由中國》為傲，也期待自由中國的繁盛。胡適說《自由中國》雜誌是以其名字作發行人，但他感到很慚愧，因為自始至終胡適都是擔任發行人的虛名，事實上並沒有負任何責任。胡適不僅沒有負發行人的責任，甚至連在《自由中國》上發表的數量也不多。胡適說自身雖然參與《自由中國》的創刊[40]，但自數在《自由中國》創刊三年當中，所寫的文章只有

---

[38] 胡適，〈致本社的一封信〉，《自由中國》第 5 卷第 5 期，1951 年 9 月，頁 5。

[39] 胡適，〈十年來中美關係急趨惡化的原委〉，《自由中國》第 5 卷第 5 期，1951 年 9 月，6-7。

[40] 胡適敘述當初其將發刊的宗旨寫很長後來將之簡化：原始的宗旨為：「第一、我們要向全國國民宣傳自由與民主的真實價值，並且要督促政府（各級的政府）切實改革政治、經濟，努力建立一個自由民主的社會。第二、我們要支持並督促政府用種種力量抵抗共產黨鐵幕之下剝奪一切自由的極權政治，不讓它擴張它的勢力範圍。第三、我們要盡我們的努力，援助淪陷區域的

兩三篇。因此，胡適在向各位同人特別道歉的同時，也希望辭去發行人的頭銜。胡適認為一定要在自由民主方面收到實效，讓全國真正有民主和自由。但胡適也認為在《自由中國》裡只有他自身有一點點自由，因此感到不對。他希望無論朝在野的政治家都能了解，在民主自由方面的努力若能增加一分，便讓國家在自由世界的地位有所增益。也只有自由民主，能為民族生存和國家地位的長存計畫。[41]

　　胡適將眼光放在東亞的國際情勢，以尋找自由中國的出路。胡適自認為是樂觀主義者，相信整個東亞都會脫離鐵幕，全數成為自由世界的成員。東亞命運的轉機是在 1950 年 6 月聯合國出兵韓戰。[42]這是首次聯合國依據憲章，共同出兵援救一個被侵略的國家。同時，美國不肯輕易拋棄傳統孤立主義，因此在一戰和二戰時都是到戰爭末期才出兵參戰。然而，韓戰卻是美國首先倡導開戰，並且美國軍隊的犧牲最多，這也逼迫美國接受自由世界的領導地位。胡適也認為韓戰的擴大，已讓自由世界了解東亞的重要，而因為中國共產黨武裝抗美援韓，韓戰延長讓自由世界了解中國大陸的威脅。胡適相信東亞國家的力量提高，就能增高自由世界的力量。而自由世界力量的提高，就能讓東亞自由力量的增高。換句話說，自由世界和東亞的命運完全結合在一起。[43]

　　胡適描繪多年前曾經有人問他，「不自由，毋寧死（Give me liberty, or give me death）在中文裡有沒有類似的話。胡適當時記得有類似的句子，但卻一時想不起來。後來因緣際會，查得范仲淹的名言「寧鳴而死，不默

同胞，幫助他們早日恢復自由。　第四、我們的最後目標是要使整個中華民國成為自由的中國。第三條所說援助淪陷區域的同胞，是說援助當時淪罕的半個大陸的同胞；在現在來說，應該是打回大陸。」詳見胡適，〈「自由中國」雜誌三週年紀念會上致詞〉，《自由中國》第 7 卷第 12 期，1952 年 12 月，頁 4-5。

[41] 胡適，〈「自由中國」雜誌三週年紀念會上致詞〉，《自由中國》第 7 卷第 12 期，1952 年 12 月，頁 4-5。

[42] 事實上，韓戰的爆發反而讓蔣中正總統加強極權統治，對內展開強力壓制各種自由的行動。

[43] 胡適，〈東亞的命運〉，《自由中國》第 8 卷第 1 期，1953 年 1 月，頁 4。

而生」，在范仲淹的時代專指諫諍的自由，而在現代稱為言論自由。胡適認
為中國從古至今的知識分子都擁護諫諍的自由，因為這是一種自天的責
任，所以才說，「寧鳴而死，不默而生」。而若從國家與政府的立場看，胡
適相信言論的自由可以鼓勵人人肯說「憂於未形，恐於未熾」的正論危言，
這能來替代小人歌功頌德鼓吹昇平的濫調。[44]

　　胡適自白自己是無神論者，並以自己為例，說明容忍和自由之間的關
係。胡適對自己在這個世界享受了四十多年的容忍與自由，感到這個國家、
社會和世界對其的容忍度量是可愛的，也是可以感激的。胡適不相信神的
存在，但卻要求自己能誠心諒解一切信神的人，也要誠心的容忍所有的宗
教。胡適也敘述當自己的年紀越大，越覺得容忍的重要意義。他相信自己
決不能享受四十多年「大膽懷疑」的自由，公開主張「無神論」的自由了。
因此，在宗教自由史、思想自由史、在政治自由史等層面，胡適認為都可
以看見容忍的態度是最相當難得的經驗，因為，人類的習慣總是喜同而惡
異的，通常不喜歡相異的信仰與思想。胡適在這篇對自由理念的重要文章
中，以敘述受過實驗主義訓練的人，不應承認有「絕對之是」，更不能「以
吾輩所主張者為絕對之是」作結。[45]

　　殷海光為臺灣戰後重要的自由主義理論家，除了自身為中國跨越海峽
的一代之外，同時也引進大量的西方思想。在中國大陸時期，殷海光曾經
就讀昆明西南聯大哲學系所，畢業後曾參加青年軍。戰後，國民黨政府抵
達南京，殷海光則進入《中央日報》擔任記者，並在其後升任《中央日報》
主筆。但沒過多久，國共內戰爆發，戰局的演變情勢漸漸對國民黨政府不
利，1949 年 3 月殷海光與《中央日報》當中部分的編撰人員抵達臺灣，並
在臺灣出版《中央日報》。

　　殷海光 1949 年抵臺後，擔任過《中央日報》與《自由中國》的主筆，
也在臺灣大學哲學系從事教職。由於殷海光本身的知識分子形象，以及豐

---

[44] 胡適，〈「寧鳴而死，不默而生」〉，《自由中國》第 12 卷第 7 期，頁 5-6。

[45] 胡適，〈容忍與自由〉，《自由中國》第 20 卷第 6 期，頁 7。

富的自由論述引介，使其成為 1950 至 1960 年代頗具影響力的自由派人士。殷海光受到羅素、海耶克、波柏等學者的影響，同時也宣揚反抗權威統治與追求自由的思想。殷海光著作眾多，代表著作有《海耶克和他的思想》、《思想與方法》、《邏輯新引》、《怎麼判別是非》、《中國文化的展望》等。

　　《自由中國》為殷海光重要的立場轉變刊物。《自由中國》由早期和國民黨關係密切的刊物，在自由主義的浸染之下，逐漸與「黨內」疏遠成為「黨外雜誌」，殷海光在《自由中國》的言論也從以自由反共，轉化成為在臺灣進行自由民主與相關建設的論調。殷海光一方面開展對自由主義的理論研究，吸收邊沁、羅素、哈耶克、伯林、弗羅姆、奧本海默、波普爾等思想家的理論，更翻譯自由主義大師哈耶克的《通向奴役之路》，另一方面以《自由中國》雜誌為言論自由空間，呼喚自由民主的政治理念，也因此讓殷海光在戒嚴時代的背景下，和極權政權產生種種摩擦。

　　殷海光推崇並重視中國五四運動的成果，特別在西化思潮這方面。《自由中國》受到挫折的同時，殷海光也在《文星》發表論述，讓《自由中國》和《文星》產生五四自由思想上的嫁接。後來在《文星》爆發的中西文化論戰，可能也與殷海光有某些程度上的關係。殷海光在《自由中國》裡也提出關於反攻大陸的一些想法，其站在國際情勢與現實面來思考國民黨政府反攻大陸的機會與可能性，最終認為成功的機會太小，因此建議應該將政治工作與建設的重心放在臺灣本身，直言敢陳成為殷海光的特色，也引發政府的關切。以下，觀察殷海光在《自由中國》的重要論述，探索殷海光的重要思路。

　　殷海光在這篇他對自由主義重要的基礎理論裡闡述，「思想自由」是外在的（External），指稱思想在外界環境行動中的自由，而「自由思想」指的是「內在的（Internal）」，指稱不受種種制約，而獨立思想的能力。由此思路開展，如果要實現思想上自由，必須要先能夠有自由的思想，換句話說，要實現思想上的自由，必須要先爭取自由思想的能力。而這種自由思想的能力，一定要是獨立而無倚的，必須不受到任何權威或暴力的影響。

而也只有具備自由思想能力的人，才是真正迫切要求思想自由的人，因為只有這種人才能發現問題，才會產生打破成見或推翻權威的要求。[46]

殷海光主張自由主義，因為站在反對共產主義的立場。殷海光呼籲所有人都應該面對反共抗俄的問題。因為直面這個問題的重要性，是關乎整個民族的存亡榮辱和所有人的幸福，以及歷史的絕續盛衰。針抗日戰爭勝利結束以後數年來的國共內戰性質，有兩種截然不同的看法，有些人看作是民族戰爭，亦有不少人看作是社會戰爭。殷海光認為這個戰爭即是民族戰爭又是社會戰爭，因為這個戰爭是為民族侵略者所利用的社會戰爭。因此殷海光認為不可捨民族戰爭而只談社會戰爭，更不能只強調民族戰爭而諱不去談社會戰爭。殷海光認為這二者有如人之左右兩腳。只有齊一心志面對反共抗俄既是民族戰爭，也是社會戰爭，才能集中力量對抗共產黨。[47]

殷海光碰觸戰爭時是否應提倡自由的重要問題，特別在自由中國區域的臺灣，言論界有許多人是強調要求自由和民主的。這些自由派人士認為作戰目的是為了反對極權主義，也是為了保障民主自由並讓人民享有自由。但同時也有不少人持相反的意見，在各種言論上有意無意表示反對在戰時強調自由民主。殷海光分析，許多人仇視自由有二種原因：首先是這些反對者一提到「自由」，就會聯想起搗亂破壞和無秩序，而且共產黨也曾經利用這些手段來達到禍亂的目的。因此，這些反對者厭惡這些情形，就像厭惡共產黨一般，導致最後也厭惡自由。其次，按照「自由」的本質來說，具有充分自由精神的人，往往富於獨立的精神和反抗權威的勇氣。然而，這些反對自由者，因為意識到這種具有反抗勇氣和批評精神的知識分子，可能會逐漸動搖其權威基礎，因此便反對自由。因此，只有真正的自由主義者，才能夠在各種情況下，即使是戰爭時期，也要堅持主張自由。[48]

---

[46] 殷海光，〈思想自由與自由思想〉，《自由中國》第 1 卷第 1 期，頁 14-15。

[47] 殷海光，〈民族戰爭呢？還是社會戰爭？〉，《自由中國》第 2 卷第 1 期，頁 11-13。

[48] 殷海光，〈戰爭與自由〉，《自由中國》第 2 卷第 3 期，頁 5-7。

殷海光在〈自由主義底蘊涵(上)〉[49]、〈自由主義底蘊涵(下)〉[50]兩篇屬於重要自由主義文獻的文章中，提出幾個自由主義的範疇與定義。例如在政治的自由主義方面，殷海光認為其實質表現為民主政治，而民主政治是一種政治制度。依這種制度而言，社會上的每一分子都被看作是「人」，而不是「東西」。而經濟的自由主義，指的是大規模工業化結合在一起，形成資本制度。因此，經濟的自由主義發展，成為自由主義領域當中最突出的一個部分。

而在經濟發展的情況下，所謂自由的實質就是「免於國家的干涉」。思想上的自由主義導源於宗教的改革、近代科學創立以及哲學思想的演變等，這三者匯為自由思想。至於倫理的自由主義，在於為人性的發展開闢康莊大道。因此，倫理自由主義者，反對任何對人的殘酷作為。最後，殷海光敘述當時正是極權與自由搏鬥的重要時刻，人人都需要捍衛自由。自由主義是培幼與充實自由精神的重要依靠，一但離開了自由主義，自由便失去了思想和精神的來源，將有如遊魂散漫無歸。

殷海光說明胡適思想對共產思想構成嚴重的威脅。因為共產思想是權威主義的，而胡適思想是非權威主義的。共產思想是理想主義的，而胡適思想是實驗主義的。共產思想是集體主義的，而胡適思想是個人主義的。共產思想認為歷史發展是必然的，胡適則認為在歷史發展中也有偶然的因素。共黨要求一切的人絕對信仰教條，胡適則提倡懷疑主義。由於胡適思想與共產思想處處針鋒相對，導致了共產黨對胡適展開無情的批鬥。[51]

殷海光敘述靠著傳統已無法維繫蛻變的社會，因此要學習藉講理解決問題。而若要學習講理，必須首先養成一點習慣，即考慮問題和討論問題時，拋開傳統、權威與情感，並且直接訴諸經驗和邏輯。因此，殷海光提議創設「講理俱樂部」，希望藉著俱樂生活，養成講理的習慣。而講理俱樂

---

[49] 殷海光，〈自由主義底蘊涵〉，《自由中國》第 3 卷第 3 期，頁 7-8。

[50] 殷海光，〈自由主義底蘊涵〉，《自由中國》第 3 卷第 4 期，頁 10-13。

[51] 殷海光，〈共黨為什麼清算胡適思想〉，《自由中國》第 20 卷第 6 期，頁 14。

部，只有兩條準則：一、「真理面前，人人平等」。第二、「什麼就是什麼。」[52]

在當時戒嚴時代恐怖統治之下，殷海光支持在國民黨之外，另組在野黨。但殷海光在支持組在野黨之前，先敘述自身不參與政治活動。首先是殷海光進臺灣大學任教之前，與校長傅斯年先生協定不參加實際政治活動；此外，殷海光自認自身並非從事實際政治活動的料子。針對「在野黨」籌組的建議，殷海光不認同將在野黨稱之為「反對黨」，因為中國並沒有像英國民主政治傳統中的反對黨，因此一般人難免望文生義，以為反對黨產生的任務就是「為反對而反對」。另外，從事組織「反對黨」，實際的目標便是執政的國民黨，容易和國民黨政府產生直接的衝突。針對在野黨的基礎，殷海光則建議以反共為核心。首先反共必須從黨派之間的鬥爭的脫出，並歸結到反摧毀人權的問題上，其次反共必須從人事恩怨和政權得失中擺脫出來，並轉化成自由與極權兩種生活方式的對抗，而反共不能只有維持一黨權勢，甚至成為打擊異已的一張王牌。最後，應當將反共轉化成促進思想的進步，以及追求社會進步和政治進步的楔機。由這樣的基礎與理念，所產生出來的在野黨力量，對於執政黨反共思想與制度，具有提煉作用。[53]

雷震原本為中國抗戰期間的國民參政會副祕書長，曾經留學日本京都大學，返回中國後主要都在國民政府擔任政治工作。中國時期的雷震，在國民黨政府內曾經擔任國民大會籌備委員會的委員，任務是協調各黨派人士進行會商，同時也處理民意代表的名額問題，因此是國民黨和各黨派的重要協調人物。也或許對於議會的組成和協調有一定的熟悉度，因此影響雷震後來在臺灣着力於政黨政治與國會議題。中國的國共內戰時，雷震支持蔣中正的態勢相當清楚，並和胡適等人共同會商協議組成自由中國運動，以力挺蔣中正的政權。由於在政治和軍事上都支持蔣中正的關係，雷

---

[52] 殷海光，〈創設講理俱樂部〉，《自由中國》第 19 卷第 2 期，頁 14-17。

[53] 殷海光，〈我對於在野黨的基本建議〉，《自由中國》第 23 卷第 2 期，頁 7-13。

震深受蔣中正的信賴與重視。[54]然而雷震並非是盲目的政治家，而是具有前瞻性的思想家，因此後來創刊《自由中國》展開向政府建言的行動，並成為黨外雜誌場域中的核心人物。

　　由於整個大中國被中國共產黨佔領，而中華民國的領導者蔣氏政權播遷至臺灣，對於雷震而言，有流離失所之感。因此在臺灣戰後初期，雷震支持蔣中正政權，並嚴詞批判共產黨。而雷震本身即是具有自由意識的思想家，同時又曾進行國民大會事務，因此在臺灣主張實施民主自由的路線。

　　《自由中國》創刊之後，雷震負責主要的編務，因此當《自由中國》打開來灣自由主義場域的空間時，雷震儼然成為黨外雜誌場域的領導核心。雷震在推動自由民主的主張時，察覺蔣氏政權的極權心態，因此雷震從原本的擁蔣開始轉變成批蔣的立場。同時，雷震也從反共的姿態，開始進行批評蔣中正的行動。尤其在蔣中正總統三連任之後，雷震批評不合憲政體制，蔣中正於是一反過去信賴雷震的態度，讓雷震成為國民黨政權的對立者。雖然從制度上而言，雷震是批判蔣中正不合法制，但對於強人政權而言，則是和政權作對的知識分子。後來，雷震更為了因為自由思潮下民主政治的需求，提倡組反對黨，更實際行動籌組中國民主黨，令戒嚴政權以其涉嫌叛亂的罪名逮捕。出獄後，雷震更呼籲蔣中正總統應成立中華臺灣民主國，以獨立對抗中華人民共和國，期待日後能光復大陸。然而，一切都有如石拋大海，蔣中正杳無回音。以下，觀察雷震在《自由中國》的重要論述，突顯其自由思索。

　　雷震和胡適、殷海光一樣，都是站在反對共產黨的陣線上。然而，這篇文章除了顯得有些宣傳意味之外，雷震也提倡自由的理念。雷震敘述中國共產黨的軍事勝利已佔領中國大部分區域，而過去存著幻想的許多青年學子，以為社會主義的樂園可以如期實現，是隨著共產黨的宣傳而隨處附和的。雷震抨擊中共以及全世界共產黨都是人類思想的逆流，完全循著錯

---

[54] 中國國民黨遷至臺灣後，中國國民黨總裁的辦公室由雷震擔任設計委員會委員。1950 年雷震更擔任總統府的國策顧問，可見雷震深受蔣中正的重視。

誤的道路而前進，將陷人類萬劫於不復。而自由為世界主流價值，但蘇聯境內與中共佔領區均無自由。雷震一方面倡議追求自由，一方面呼告共產黨一日不倒則自由就有一日不能獲致，因此自由中國與共產黨誓不兩立。[55]

雷震和殷海光、胡適一樣都對共產黨提出反抗的想法，也都對在野黨有一定的理念，但雷震卻有些微小的差異。雷震認為反對黨派的自由與保障，應根植於經濟的自由。反對黨雖然有組織、言論與出版的自由，但反對黨既然是民主政治制度裡的特別重要的內容，除了固然要靠政府執政黨的承認與容忍之外，仍必須從經濟制度上著眼。因為民主政治是為人民大眾服務的政治，因此大眾的經濟生活，應為必須考慮的最重要的問題之一。雷震也特別注意到，經濟制度上的自由化，少數黨派與反對黨派才有自由的空間，而如果放棄經濟社會的自由化，政治本身容易走上專制之路。[56]

雷震在〈民主政治就是民意政治〉[57]、〈民主政治就是輿論政治〉[58]中，開始接觸到選舉議題，認為選舉能夠有效的反應民意與輿論。雷震指出民主政治或民權政治為政權由人民自己，或依據人民的意思而行使的政治制度。換句話說，民主政治為國家日常生活運作下，有關的政治權力之行使，並且這些權利是需要通過國家全體成員所參與的政治機構所給予的，也就是說人民全體就是政治力產生的政治機構的意思。而人民需要什麼，人民的福利又是什麼，這些都應該由人民自己決定，也只有人民自己決定才不會和民意相違背。因此，關於人民的種種意志，雷震認為都應該由人民自己表示和決定，才是正當而合於理性的途徑。而按照民主政治的辦法，政府是由人民選舉而組成的，人民選舉出的政府官員，目的是要政府為人民辦事，幫人民解決生活困境，達到人民的種種需求。

既然民主政治就是民意政治，那麼政府就應該根據人民的意見行使政

---

[55] 雷震，〈獨裁、殘暴、違背人性的共產黨〉，《自由中國》第 1 第 1 期，1949 年 11 月，頁 11-13。

[56] 雷震，〈反對黨之自由及如何確保〉，《自由中國》第 2 卷第 7 期，1950 年 4 月，頁 14-16。

[57] 雷震，〈民主政治就是民意政治〉，《自由中國》第 5 卷第 10 期，1951 年 11 月，頁 9-11。

[58] 雷震，〈民主政治就是輿論政治〉，《自由中國》第 5 卷第 12 期，1951 年 12 月，頁 5-7。

權的政治。至於人民的意見應該用何種方法才能完整的表達，使人民對實際的政治能夠發揮表達民情的作用。換句話說，民意要用什麼方法才能讓政府完整的了解，而且政府所理解的民意，是真正的民意，並非是偽造不實的民意，或是受到某些壓迫下產生的民意。雷震認為，最需要的方式就是選賢與能，用選舉來推測人民意志。雷震也說明，在當時世界各國定期舉行的各種選舉，都是測驗民意最好的方法，也是一種簡便的辦法。理由是，一方面政治是依賴輿論的力量來推動，而另一方面，輿論政治確實能夠左右政治。

　　繼〈民主政治就是輿論政治〉一文之後，雷震欲罷不能，暢談毀謗與言論自由之間的關係。雷震認為一個國家所施行的是民主政治還是極權政治，只要看這個國家有沒有表現民意的自由討論即可。如果這個國家沒有「言論自由」、「思想自由」或「出版自由」這一類的基本要素存在，便是極權政治。因此，只要是民主政制的政府，一定是尊重輿論和維護言論自由的，否則便偏離了民主政治的道路。但雷震也認為言論自由並不是言論放縱，而是有一定界線的，下述幾種皆是毀謗的情況：批評一個人而妨礙其交易，商業、智力職業、或圖謀生計之普通職業的語言；誹謗一個人犯罪的語意；誹謗一個人染有傳染病症的語言；將不貞或通姦罪，加之於已婚婦女或未婚婦女的語言。誹謗主要是透過語言形成的，最典型的誹謗，就是毀損人的品格與德性，例如犯罪，搗亂，不誠實，不忠實，忘恩負義，殘暴苛刻等等。[59]

　　關於國民大會的職權，雷震也提出改革的意見。雷震認為《憲法》當中最重要的部分，是民意機關的構成，以及民意機構和行政部門之間的關係，但似乎這層關係已被國大代表們忽視了。這是一件很可惜的事情。而國民大會制度，絕對不可把國代權力擴充到與外國議會的職權相等，或超過議會職權以上的情況，雷震呼籲是國大代表們應該再深思熟慮。由於當

---

[59] 雷震，〈誹謗之意義及與言論自由之界線（上）〉，《自由中國》第 19 卷第 2 期，1952 年 2 月，頁 14-17。

時的國民大會代表，正準備修憲以擴大職權，因此，雷震堅決反對在國民大會中修憲法，尤其反對擴充國民大會的職權，以及增加國民大會的會期。[60]

面對外界針對《自由中國》的汙衊，雷震提出一些反駁。雷震也相信讀者的眼睛是明亮的，自有正確是非曲直的評斷。雷震特別來說明《自由中國》創刊的意旨，以及創辦的經過和目的，包括反共的理想，用來回應外界的汙衊。雷震認為和共產黨進行思想上的鬥爭，必須以自由或自由主義為唯一的出發點，也只有自由或自由主義才是唯一的歸宿。因此，雷震特別提到當年胡適將這本刊物命名為《自由中國》，便是宣告這本刊物擁有反對共產主義的理念。[61]

雷震面對民主政治的現實，提出需要一個強而有力的在野黨，以便落實真正的民主自由制度。雷震說明，只有在野黨真正的參與選舉，才能實現民主政治，雷震也呼籲對民主政治有志者都能夠勇敢的挺起胸膛組織新黨。而這個新黨存在的意義是民主政治的「新生機」，也是國民黨的「防腐劑」。但這篇文章，另外提及國民黨須退出軍隊、警察、和學校與司法機關，也表示國民黨的黨費不由國庫開支，甚至認為社會服務站，青年救國團，文化工作隊等組織均需一律撤銷。除了在野黨議題之外，雷震也因此和國民黨政府產生重大的摩擦與對峙。[62]

三、「今日的問題」的時事評判

《自由中國》自 1957 年 7 月開始，連續八個月刊登了十五篇社論，從

---

[60] 雷震，〈國民大會要走到那裏去（上）〉，《自由中國》第 8 卷第 11 期，1953 年 5 月，頁 4-7。

[61] 雷震，〈創刊「自由中國」的意旨〉，《自由中國》第 16 卷第 6 期，1957 年 3 月，頁 6-13。

[62] 雷震，〈我們為什麼迫切需要一個強有力的反對黨〉，《自由中國》第 22 卷第 10 期，1960 年 5 月，頁 7-10。

社會與國際現實思考臺灣存在的問題。這十五篇「今日的問題」以「本刊」的名義刊出：〈是什麼，就說什麼〉[63]、〈反攻大陸問題〉[64]、〈我們的軍事〉[65]、〈我們的財政〉[66]、〈我們的經濟〉[67]、〈美援運用問題〉[68]、〈小地盤，大機構〉[69]、〈我們的中央政制〉[70]、〈我們的地方政制〉[71]、〈今天的立法院〉[72]、〈我們的新聞自由〉[73]、〈青年反共救國團問題〉[74]、〈我們的教育〉[75]、〈近年的政治心理與作風〉[76]、〈反對黨問題〉[77]。這些時政批評，拋棄了對於中國懷抱夢想的心態，而回歸到真實的臺灣社會問題。對於臺灣黨外雜誌場域而言，代表場域中領導者將眼光放在臺灣自身，也期待將自由意志根植於臺灣的政治與社會。

　　〈是什麼，就說什麼〉一文中指出，當時所處的時代是需要說真話的時代，但卻無法說真話。而在當時所處的國際政治情勢，文中認為正是需要知識分子積極發揮的時刻。然而，卻因為戰事和戒嚴體制，使得知識分子處在情智低落的情況下。並且，當時的知識分子內心的低落，文中認為是中國五四運動以來所未曾見的。而為了國家與社會著想，《自由中國》決

---

[63] 本刊，〈是什麼，就說什麼〉，《自由中國》第 17 卷第 3 期，1957 年 8 月，頁 3-4。

[64] 本刊，〈反攻大陸問題〉，《自由中國》第 17 卷第 3 期，1957 年 8 月，頁 5-7。

[65] 本刊，〈我們的軍事〉，《自由中國》第 17 卷第 4 期，1957 年 9 月，頁 3-4。

[66] 本刊，〈我們的財政〉，《自由中國》第 17 卷第 5 期，1957 年 10 月，頁 3-5。

[67] 本刊，〈我們的經濟〉，《自由中國》第 17 卷第 6 期，1957 年 11 月，頁 3-7。

[68] 本刊，〈美援運用問題〉，《自由中國》第 17 卷第 7 期，1957 年 12 月，頁 3-5。

[69] 本刊，〈小地盤，大機構〉，《自由中國》第 17 卷第 8 期，1958 年 1 月，頁 3-4。

[70] 本刊，〈我們的中央政制〉，《自由中國》第 17 卷第 9 期，1958 年 2 月，頁 3-5。

[71] 本刊，〈我們的地方政制〉，《自由中國》第 17 卷第 10 期，1958 年 3 月，頁 3-5。

[72] 本刊，〈今天的立法院〉，《自由中國》第 17 卷第 11 期，1958 年 4 月，頁 3-7。

[73] 本刊，〈我們的新聞自由〉，《自由中國》第 17 卷第 12 期，1958 年 5 月，頁 3-6。

[74] 本刊，〈青年反共救國團問題〉，《自由中國》第 18 卷第 1 期，1958 年 6 月，頁 5-7。

[75] 本刊，〈我們的教育〉，《自由中國》第 18 卷第 2 期，1958 年 7 月，頁 3-4。

[76] 本刊，〈近年的政治心理與作風〉，《自由中國》第 18 卷第 3 期，1958 年 8 月，頁 3-5。

[77] 本刊，〈反對黨問題〉，《自由中國》第 18 卷第 4 期，1958 年 9 月，頁 3-4。

定無論可能會遭逢何種困難，都將以「是什麼，就說什麼」為雜誌的基準。從這樣的理念出發，創設「今日的問題」專欄，內容將不逃避現實，也不會有無益之談。「今日的問題」將積極的面對真實的社會情境，在「今日的問題」總題目下，提出一系列關於時政的問題，包括從政治、軍事、經濟、財政、司法、思想、文化、致育、宣傳等等。[78]

「今日的問題」秉持〈是什麼，就說什麼〉的精神，直指反攻大陸」在經過精密的計算後，在一定的時期內機會並不太大。而且痛陳極權政府不僅表現出十分必然的樣子，官方在臺灣的政策措施都是以「馬上就要回大陸」為基本假定，導致在各種施政上弊害橫生。因為所有政策都是為了即將反攻大陸做準備，導致許多人事事忍受和遷就的心理狀態。而因為被「馬上就要回大陸」的心理所誤導，官方許多政策都呈現過渡性的規劃。最後，官方辦理各種訓練，導致民生問題擱置。文中最後指出，應該在政策和國際情勢上實事求是，才能實質反共。[79]

在〈我們的軍事〉[80]部分，主張裁軍，節省軍費。文中更認為振奮軍心和提高士氣都應該從實質面著手，而不是從形式方面確保並加強軍事力量，以備可能的軍事反攻。在〈我們的財政〉[81]部分，緊跟著軍費的問題，提出財政害於軍事是鐵錚錚的事實，也認為應該建立透明而有經過審查的預算制度。在〈我們的經濟〉[82]部分，主要提出應該進入工業化，以刺激生產；同時，文中又回到「財政害於軍事」與「經濟害於財政」這兩個重要的議題。而在〈我們的教育〉[83]部分，則主張要實現民主並提倡科學，認為「我們的教育」必須從黨化思想當中根拔出來，而與民主及科學密切配合，並且要求在學術上的絕對自由。

---

[78] 本刊，〈是什麼，就說什麼〉，《自由中國》第 17 卷第 3 期，1957 年 8 月，頁 3-4。

[79] 本刊，〈反攻大陸問題〉，《自由中國》第 17 卷第 3 期，1957 年 8 月，頁 5-7。

[80] 本刊，〈我們的軍事〉，《自由中國》第 17 卷第 4 期，1957 年 9 月，頁 3-4。

[81] 本刊，〈我們的財政〉，《自由中國》第 17 卷第 5 期，1957 年 10 月，頁 3-5。

[82] 本刊，〈我們的經濟〉，《自由中國》第 17 卷第 6 期，1957 年 11 月，頁 3-7。

[83] 本刊，〈我們的教育〉，《自由中國》第 18 卷第 2 期，1957 年 12 月，頁 3-4。

〈美援運用問題〉[84]又再次提到「經濟害於財政」的論點，並揭發政府不斷的向外宣傳財政平穩與經濟進步的數字，其實都是得力於美援之助。如果排除美援因素，則政府的財政與經濟數字將面臨困窘的狀態。而美援在支持因大量軍事開支而耗損的財政與經濟下，失去了建設與民生援助的意義與價值。文中認為，美援應該放棄用在挽救財政，而歸於經濟建設，才能真正收到充分的經濟實效。

〈小地盤，大機構〉[85]批判的市政府的部會與機關設置，由於中華民國政府所管轄的實際面積，只剩大中國時代的千分之三，但卻保持八個部、兩個委員會，整體行政部門不僅保持中國大陸時期統轄三十五省與十二個直轄市的規模，而且還不斷增加而導致看起來過於龐大。〈小地盤，大機構〉便在這樣的背景下，要求部分的機構與業務能裁撤、合併或劃歸中央。

在〈我們的中央政制〉[86]部分，首先提倡應當培養責任政治的觀念，並以責任政治來改革政治風氣，無論是中央或地方都應從責任政治來建立政治制度。並且抨擊中央政府實際政治的運作，很明顯的是總統制。而總統的真實政治運作卻完全超出了總統制的範圍，也違反內閣制的概念。因此，呼籲政府能夠落實與民意接近的內閣制。而在〈我們的地方政制〉[87]部分，則要求立法院迅速制定省縣自治通則，並且召開省民代表大會產生省自治法以實行省長民選。同時，也呼籲政府應提高省議會職權。在各縣市部分，應制定縣市自治法以劃清縣市級政府與省級政府的執掌，並且加強縣市議會的權力，使縣市政府在自治事項範圍內能夠有效而確實的負責。至於政黨只能夠從事選舉活動，不能干擾控制地方政務。

接續〈我們的中央政制〉，〈今天的立法院〉[88]指出政府不知立法院在

[84] 本刊，〈美援運用問題〉，《自由中國》第 17 卷第 7 期，1958 年 1 月，頁 3-5。

[85] 本刊，〈小地盤，大機構〉，《自由中國》第 17 卷第 8 期，1958 年 2 月，頁 3-4。

[86] 本刊，〈我們的中央政制〉，《自由中國》第 17 卷第 9 期，1958 年 3 月，頁 3-5。

[87] 本刊，〈我們的地方政制〉，《自由中國》第 17 卷第 10 期，1958 年 4 月，頁 3-5。

[88] 本刊，〈今天的立法院〉，《自由中國》第 17 卷第 11 期，1958 年 5 月，頁 3-7。

民主政治制度上，其重要性超過任何其他機構，而包容性也比其他政府機關基礎更大。文中呼籲立法委員不應兼任會計師律師一類的職務。更希望出現一個有力的反對黨，能讓立法院在討論政策和質詢施政時有明顯的對話，而立法委員在工作時也能夠因有民意基礎提高效率，至於人民則在選舉時有選擇之機會，達成促進民主政治的進步。

〈我們的新聞自由〉[89]描述儘管新聞自由在運用失當可能發生流弊，但民主國家假如失去了新聞自由，亦即等於這個國家失去民主政治的重要支柱。因此文中批判政府方面破壞新聞自由，同時呼籲廢除出版法施行細則第廿七條，及其他一切違背出版法的法律，以利新聞界能有公平合理的自由競爭。〈近年的政治心理與作風〉[90]要求開放言論自由，文中認為開放言論自由，能夠無顧慮的批評時政，才得以改造各種政治積弊。

由於「青年反共救國團」為令人無法理解的機構，其自身說「救國團是一個具有教育性、群眾性、和戰鬥性的青年組織。」顯然成立理由不充分，成立根據不合法，成立後無成績並浪費公帑。因此，〈青年反共救國團問題〉[91]要求裁撤青年反共救國團。「今日的問題」系列刊出諸多時政問題，最後以〈反對黨問題〉[92]作為總的結束。文中主要仍然要求，透過落實真正的民主制度，以在野黨監督執政黨的方式，實際審查與立法，才能真正讓國家保持在一種進步的動力之中。

四、非官方色彩詩學

蔡明諺認為 1950 年代臺灣現代詩和反共愛國文藝有某種延續關係，而

---

[89] 本刊，〈我們的新聞自由〉，《自由中國》第 17 卷第 12 期，1958 年 6 月，頁 3-6。

[90] 本刊，〈近年的政治心理與作風〉，《自由中國》第 18 卷第 3 期，1958 年 9 月，頁 3-5。

[91] 本刊，〈青年反共救國團問題〉，《自由中國》第 18 卷第 1 期，1958 年 7 月，頁 5-7。

[92] 本刊，〈反對黨問題〉，《自由中國》第 18 卷第 4 期，1958 年 10 月，頁 3-4。

現代主義詩人又和學院派自由主義知識分子有對立的情況。臺灣的現代主義文學過去一般認為是偏離現實的結果，但蔡明諺分析從政治現況來看，1950 年代的現代詩並非建立在反思與否定的層次上，而是反映了時代的政治氣氛。因此，1950 年代現代主義文學在臺灣的發展，是反映了時代的現實，而不是抵抗時代。[93]從這個說法來看《自由中國》當中的現代詩，出現了數首與「自由」有關的詩作，在某種程度上可能也是「反映了時代的政治氣氛」，而不是為了和國民黨政府抵抗的結果。雖然，這些以「自由」為題的現代詩，和官方所提倡的「反共愛國文學」相去甚遠，具有鮮明的「非官方色彩」，但卻如實的呼應了胡適、殷海光、雷震等人所象徵的自由主義理想。這些以自由為內涵的詩作有惜夢〈自由的謳歌〉、梁雲坡〈自由的寓言〉、上官予〈自由之歌〉等。

　　除了有關自由的詩之外，《自由中國》當中和反共文學無關的尚有描繪臺灣在地的本土詩作、旅外的旅遊詩，以及余光中、張秀亞的浪漫派抒情詩，而這些詩作都屬於非官方色彩的詩作。描繪臺灣在地的本土詩作有：李華〈臺灣的花鳥〉、夏菁〈鵝鑾鼻燈塔〉等；旅遊詩有：李經的〈歐遊雜詩（一）威尼斯之夜〉、〈歐遊雜詩（二）巴黎街頭的頓悟〉、〈美國行〉、〈自由島島上望紐約市〉與〈聯合國〉等；浪漫派抒情詩有余光中的〈你是那虹〉、〈冬〉、〈黃昏星〉、〈二月之夜〉、〈仰望〉、〈貝殼〉、〈四月〉、〈病室〉以及張秀亞的〈清晨〉、〈黃昏〉等。其中，現代詩的浪漫派為這個場域中的大宗，後來也隨之蔓延至《文星》上。這可能與非官方的現代詩，寫實主義和浪漫派本就為兩大主流有關。

　　惜夢的〈自由的謳歌〉[94]從一開頭便以讚嘆的方式敘述「我崇拜自由！我讚美自由！」，接著又說明「個人要有自由！國家要有自由！」，進一步描繪「多少人拋去頭顱，為了爭取自由；多少人正在奮鬥，為了維護自

---

[93] 詳見蔡明諺，〈一九五〇年代臺灣現代詩的淵源與發展〉，國立清華大學中國文學系博士論文，2007 年。

[94] 惜夢，〈自由的謳歌〉，《自由中國通訊》第 8 期，1951 年 10 月，頁 24。

由。」一方面將《自由中國》的自由精神表現無遺，另一方面也暗喻著自由的可貴。雖然可能藝術的成分不高，但全詩押韻，可歌可誦，詩中的「你像是皓月在秋夜，你像是旭日在長空；你像是喜馬拉雅山的高峰，你像是密西西比河的長流。」等句子也帶有一些浪漫的氣質。

圖一：惜夢，〈自由的謳歌〉，《自由中國通訊》第 8 期，1951 年 10 月，頁 24。

　　另一首，梁雲坡的〈自由的寓言〉[95]，則利用鳥與藍天、花與巨石、河流與大海、馬與田野等對比的方式，描繪自由的可貴。例如自由之花、自由的大海、自由的藍天等。在描述消瘦的馬被關在馬廐，卻因望見一群無羈的野馬在田野間飛馳而傷心落淚。這匹馬卻不是擔心自己的命運，而是擔心同伴會不小心被關進暗喻共產黨的鐵幕之中。

---

[95] 梁雲坡，〈自由的寓言〉，《自由中國》第 7 期，1951 年 10 月，頁 27。

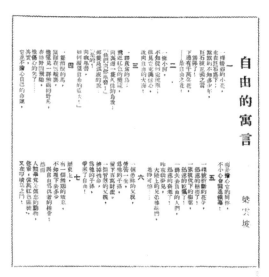

圖二：梁雲坡，〈自由的寓言〉，《自由中國》第 7 期，1951 年 10 月，頁 27。

　　余光中的〈病室〉[96]雖然是描寫一個重症病者在病室內的情況，但卻多少也沾染了「自由」的氣息。第一段描繪一個閉目的重病者，顯然已是將死之身，卻是在檢閱著過去「奔馳」的往事。而這時死神的黑馬車已等待在門口，所有的一切在等待著這位重症病者的死亡。在漫長的等待中，這位「奔馳」的重症患者，讓門外的御者舉起長長的鞭，等待著他的遠行。而小教堂的鐘在等待這位駕馭者的啟程。然而這時正在觀看自己過去自由之身的重症病者，祈禱的手也同時在等待著奇蹟的出現。沒有料的，奇蹟真得喘著氣趕到了，就在重症病者重新睜開的眼睛裡。只要睜眼看見世界，自由的奇蹟就能喘著氣趕到，恢復生機。

---

[96] 余光中，〈病室〉，《自由中國》第 3 期，1957 年 8 月，頁 25。

圖三：余光中，〈病室〉,《自由中國》第 3 期，1957 年 8 月，頁 25。

此外，還可以注意到的是，蔡明諺認為 1950 年代的詩作，是如實反映時代的詩作，在《自由中國》裡，開始有刊登詩作的前二首，第一首為田麟的〈念重慶〉，第二首為〈田野之憶〉，都是屬於懷念中國家鄉之作，確實是如實反應了時代的背景。雖然有懷念中國家鄉之意，但仍算是懷鄉抒情之作，不能算是配合政策的反共文學，同樣是非官方色彩之詩。

第三章　中西文化論戰的衝突

　　中西文化論戰導因於胡適的發言，以及李敖對胡適的推崇。胡適 1910 年以「胡適」之名考取清國庚款赴美留學，此後便以胡適為名活動。胡適抵美後至康乃爾大學學農，1912 年改學哲學。在就讀康乃爾期間，胡適比較了中西文化議題。胡適以「新」與「舊」比較了中西文化。同時，在文學史的發展觀念中，胡適認為「自由」與「進化」具有直接關連。特別在胡適的日記中，他屢次使用「進化」與「自由」等詞彙。而 1915 年至哥倫比亞大學就讀哲學博士後，哲學、文學史、文化史與政治史在胡適的觀念當中，均沾染了物競天擇的進化觀念，因此後來導致了五四運動文學革命的觀念。[1]在這樣的背景之下，胡適認為中國的落後與衰頹，是緣於西化不足的關係。西方的民主、自由、科學，在物競天擇的觀念下，將讓東方的中國陷入滅亡的境地。當中的自由意識與解放態度，落實在文學革命中，就成為後來的白話文運動。在政治方面，胡適則傾向於美國式的民主自由。在國內內戰中國民黨失利，胡適支持播遷來臺的國民黨。國民黨也將「臺灣」當成「中華民國自由地區」、「復興基地」、「自由中國」。胡適等自由派學人的自由觀念，也順理成章漂流至臺灣。

　　若將胡適視為《自由中國》的象徵資本，在臺灣戒嚴時期「黨外雜誌」這個場域的《文星》時期，胡適已逐漸失去象徵資本的領導地位。雖然兩份黨外雜誌發行時間有所重疊，但隨著《自由中國》走向抗衡國民黨政府的道路而挫折不斷時，《文星》則緩慢的崛起。李敖自詡繼承了胡適的道路，在「行動」上也開始發表抵抗「黨內」的論述，《文星》成為「黨外雜誌」

---

[1] 胡適，《留學日記》，臺北：遠流出版，1986 年，頁 3-5。

場域中自由主義的領導階層，李敖搖身一變成為「黨外雜誌」場域中的新
象徵資本。更值得注意的是，李敖不只是單純的敘述自身繼承胡適的自由
思潮，在《文星》中他更引發了「中西文化論戰」，隱然和胡適前往美國理
解「物競天擇」後訴諸的西化思想有相當程度的呼應。胡適後來一度因為
「全盤西化」這個詞彙所引發的爭議，曾經對於「用詞」有過修正的態度。
胡適認為更換「全盤」二字可以免除外界瑣碎的爭論，避免「全盤」的字
樣也較易獲得同情的贊助，另一方面也不能不承認數量上的嚴格全盤西化
幾乎是不可能的。因為文化是人民生活的方式，胡適認為人民受困於經濟
狀況和歷史習慣，容易有文化惰性而逃避全盤西化。[2]因此，胡適曾經另外
提出「充分世界化」的說法，以避免「全盤西化」容易招惹攻擊的缺點。
但這僅是一種權宜之計，基本上他仍堅奉全盤西化可振興民族的理念。李
敖則藉由《文星》闡述這種思維，一方面提升胡適的地位與聲望，並以胡
適傳人自居；另一方面，也繼承了胡適的自由思想，與「黨內」發生衝突。
中西文化論戰之後李敖名氣大增，1963 年 7 月 8 日李敖接任《文星》主編。
而李敖和《文星》也繼胡適、雷震、殷海光與《自由中國》之後，成為「黨
外雜誌」場域中重要的領導核心。

2　胡適曾經敘述他讀了各地雜誌與報章上探討「中國本位文化」與「全盤西化」的論辯，讓他聯
　想到五六年前，最初討論中西的文化問題時因用字不慎所引起批評。1929 年胡適曾經就中國的
　中西文化衝突撰文，當初指出這個議題有三派不同的主張：一是抵抗西洋文化，二是選擇折衷，
　三是充分的西化。儘管後來胡適認為抗拒西化已成過去，甚至沒有人會討論西化問題。但選擇
　選擇在某些地方的折衷態度議論，但胡適來說，在骨子裡卻仍然只是一種變相的保守論，也就
　是抵抗西化的變相派。因此最終胡適仍主張全盤西化，全心全意邁向世界化。詳見胡適，〈充
　分世界化與全盤西化〉，《胡適與中西文化》，臺北：水牛出版社，頁 139-140。只是胡適無法預
　料，在臺灣的《文星》雜誌，仍然爆發了中西文化論戰，再次將全盤西化與否的討論搬上檯面。

一、《文星》的興與亡

　　1952 年蕭孟能與朱婉堅夫婦於臺北開設文星書店。1957 年 11 月文星書店創辦《文星》雜誌。《文星》雜誌標榜「思想的」、「生活的」及「藝術的」。1950 年代為主流的反共文學大盛，1957 年 11 月 5 日誕生的《文星》，和《自由中國》一樣具有黨外雜誌和非官方文學的濃厚色彩，同樣也走自由風的路線。《文星》在白色恐怖時代創刊，也與《自由中國》一樣以月刊的方式刊行，並持續發刊至 1965 年 12 月，一共刊行了 98 期。李敖曾說臺北文星書店及敦煌書店的主持人是優秀的文化商人，意指兩家書店主持人是以知識分子從商，來進行思想傳佈的工作。[3] 可見在李敖進入《文星》之前，便已相當認同文星書店的文化工作。

　　李敖對於自己「介入」《文星》頗為自豪，他敘述《文星》的生命並不是從第一年就開始的，而是從第五年，也就是第九卷第一期李敖出現時，讓《文星》全面改觀的。[4] 後來在李敖擔任主編後，以反傳統為職志，而反傳統並非單純的西化，更有鮮明的反國民黨意味存在，也因此，《文星》在 1965 年 12 月發行 98 期後，被處以停刊處分。之後雖然在 1986 年 9 月 1 日重新復刊，這時的《文星》《文星》已不受李敖控制，但兩年之後又再度停刊。從創刊、停刊又復刊到第二次停刊，「文星」雜誌總一共出刊 120 期，曾兩次改版，社長始終由蕭孟能先生擔任。

　　《文星》本身的性質如封面的副標題所言，是建立在「生活的，文學的，藝術的」之上。《文星》期望的讀者對象是年輕的知識分子，期待青年能從《文星》獲得各種不同的知識。《文星》的目的在於「啟發智慧，供給新知，盡力於中國新文化的建立」，而所謂的中國「新」文化的說法，也建

---

[3] 李敖，《李敖回憶錄》，臺北：李敖出版社，1999 年，頁 193。

[4] 李敖，《李敖回憶錄》，臺北：李敖出版社，1999 年，頁 194。

立《文星》本身期許具有「進步」觀念傳遞的任務。雖然李敖批判《文星》
在表面上標榜「思想的」，「生活的」，「藝術的」，也召喚著「不按牌理出牌」，
但事實上《文星》的表現卻可憐得很，在「思想」上的表現也顯得可憐。
大體上說，它是非常「按牌理出牌」。[5]當然李敖這番說法，不免有幾分自
讚的意味，因其緊接著便說在《文星》中發表了〈老年人和棒子〉、〈播種
者胡適〉與〈給談中西文化的人看看病〉引發著文化思想界的高潮。這三
篇文章，便是中西文化論戰的重要關鍵。而《文星》也確實介紹了不少西
方的思潮，並將西方的種種行動方法介紹給讀者。特別在介紹西方的哲學
家、思想家，甚至是西方科學等都有系統的譯介或談論。

　　而《文星》後來亦有開闢「群言堂」專欄，吸引眾多讀者對時事展開
批評與觀點闡述。這樣的做法，較《自由中國》更為前進，能夠喚起大眾
對於社會的關注。但多數的讀者思想是大膽並具批判性的。在「戒嚴時期」
的背景之下，思想的管控為政府的極權表現，因此《文星》可能在遭到受
官方壓力下，「群言堂」在實施 17 期後的第 25 期便嘎然而止。「群言堂」
停止後的「文星」將原先的「生活的，文學的，藝術的」之理念，更動為
「思想的，生活的，藝術的」。這樣的做法顯得相當有趣，《文星》並不因
「群言堂」的關閉而有所退怯，反而更加重了「思想的」的比重。但另一
方面卻顯得可惜，《文星》的雜誌名為「文」星，但在此時淡化了「文學的」
色彩。

　　《文星》起初有一個專屬的欄位給「地平線詩選」，專門刊載臺灣詩人
的詩創作，但在第 25 期「群言堂」消失無蹤後，「地平線詩選」原因不明
的也停止刊載了。雖然文學可能不是《文星》和《自由中國》等黨外雜誌
的重心，但事實上卻對臺灣詩人有一定的影響。尤其文星書店本身除了發
行雜誌之外，也發行出版梁實秋、余光中、周夢蝶、白先勇、聶華苓、林
海音、李敖等人的作品。特別是「文星叢刊」與「文星集刊」中出版了臺
灣文學作家不少的重要著作，讓文星書店表現出李敖所言的優秀文化商人

---

[5] 李敖，《李敖回憶錄》，臺北：李敖出版社，1999 年，頁 194。

風格。但在《文星》這個黨外雜誌場域中，原本的「地平線詩選」卻意外因雜誌立場調整而殞於地平線之下。

　　《文星》雜誌著重於西方文化思潮的介紹，得力於李敖等人「全盤西化」的要求，但同時《文星》也強調現實社會的人文關懷。強調對當時的社會現狀的人文關懷。而在李敖主編期間的《文星》，也往創刊時的「不按牌理出牌」精神邁進。然而李敖的自由言論風格，容易受到戒嚴政權的關切。

　　李敖坦言《文星》在他的主持之下，雖然主張中國走現代化的路線，也對於自由、民主、開明和進步等有一定的貢獻，但卻讓戒嚴時期的國民黨政府找到許多關於《文星》的謬論。例如：《文星》是賣國者、《文星》捧漢奸是漢奸、《文星》是匪諜頭子、《文星》走《自由中國》路線、《文星》是「生活書店」的翻版、《文星》涉嫌叛亂並協助臺灣獨立、《文星》勾結費正清等國際奸人、《文星》鼓吹兩個中國言論、《文星》在海外通匪、《文星》為匪宣傳並與共匪隔海唱和、《文星》反對中國文化、《文星》煽動青年、《文星》影響民心士氣、《文星》侮蔑先烈與元首、《文星》推翻法制、《文星》反對政府、《文星》反對國民黨等等。[6]這些不利於《文星》的言辭推導，都讓《文星》備感壓力。

　　李敖敘述蕭孟能曾受到極大壓力，於第 83 期登出「內政部來函」，函中要求「嗣後注意改進」，不要攻擊醫師法及「肆意攻擊民意代表及整個輿論界」。對此李敖大為不滿，在下一期的第 84 期便刊登「李敖的兩句話：今後我對文星雜誌的編務，不再過問，特此聲明。」李敖也對這封來自內政部的信函感到惱怒，與蕭孟能發生極大的衝突。[7]在李敖進入《文星》雜誌後，常見這種意見上的攻防戰。若有人表達某種意見，則下一期就會欣賞到另一種不同的意見。因此，讀者閱讀的焦點已不再是西方思潮，而是對當時時事的評斷。一般而言，在戒嚴時期，能如此無畏地批評時事，特

6　李敖，《李敖回憶錄》，臺北：李敖出版社，1999 年，頁 197-198。

7　李敖，《李敖回憶錄》，臺北：李敖出版社，1999 年，頁 197。

別在反對「黨內」的國民黨極權統治時，《文星》具有一定的地位。1965
年 12 月《文星》被強制停刊，主因在於最後一期第 98 期《文星》發表了
一篇〈我們對『國法黨限』的嚴正表示──以謝然之先生的作風為例〉」。
這篇文章支持李敖的看法，認為司法與軍隊應超出黨派，也力挺出版品不
需呈「中央黨部」審核認可，同時又批評謝然之箝制人民言論自由，強烈
表達「我們唾棄他」的意見。這樣激烈而毫無保留的言論，讓《文星》受
到停刊一年的處分，一直得要等到過了 20 年後，1986 年 9 月 1 日《文星》
脫離了戒嚴的空間，在解嚴後的新社會氣氛中，方才復刊。

二、中西文化論戰過程

　　場域的空間生成來自於場域內活動者們的行動，黨外雜誌場域的活動
者即為文章論述者，經由這些論述者的發聲、撰文、刊登，構成黨外雜誌
的場域空間。黨外雜誌的場域空間，行動者之間有一定的內在遊戲規則，
也形成觀點、行動或看法上不斷內化的潛規則。例如雷震、殷海光和胡適
之間的關係，又如蕭孟能、李敖和胡適之間的關係，而這些行動者的活動
方式，也決定黨外雜誌場域的特色。在中國國民黨政權這個場域之下，黨
外雜誌場域可算是當中的一個小場域，在這個政權裡，「黨內」形成一個場
域，「黨外」也形成一個場域。兩個場域同時受到政治上的干涉與影響。而
在「黨外雜誌」場域當中，「自由」意志的展現和成功與否，並非以文章撰
述者的身分、地位或貧富而定，而是關乎文章本身的價值。這即是布爾迪
厄所言的「自主性原則」（the autonomous principle）。同樣的，《文星》雜
誌當中的詩作，不僅是「黨外雜誌」場域中的一環，也是「現代詩」場域
的成員，而更大的臺灣文學史場域，也凌駕於其上。

　　另一方面，「黨外雜誌」在形成一定的遊戲規則下的自主性原則的同
時，《文星》卻也不得不面對本身是被框限於中國國民黨政權下的一個「小

場域」，換句話說，同時受到大場域的干擾。《文星》裡的詩作，除了詩作本身的美學之外，也受到臺灣文學場域的影響。小場域的自主性原則，因此有時會受到其他場域，或更大場域的侵擾，這是布爾迪厄所言的「他律性原則」（the heteronomous principle）。黨外雜誌的停刊，或受到國家機器的監視，黨外雜誌詩作也受到國家政權的影響，或被文學大環境氛圍所感染，都是小場域受到他律性原則攪動的現象。黨外雜誌的論述文章，在自律性原則下，需要為人民的自由民主權力奮鬥，但他律性原則卻欲將之導向為國家與政黨服務。兩種原則相互較勁下，通常小場域的力量難以螳臂擋車。

　　《文星》的自由論述文章，議題層面雖廣，文章卻較少。例如 1958 年知名報人成舍我有〈「狗年」談「新聞自由」〉，陶百川有〈緊箍咒與新聞自由〉；1959 年小野秀雄有〈對抗權勢力爭新聞自由〉，李聲庭有〈論學術自由〉；1960 年李聲庭有〈再論學術自由〉與〈論民主與法治〉，呂光有〈新聞報導著作人之權限及其在法律上之責任〉等，但顯然都與當時的政治情勢格格不入，政府恐怕也對這些自由言論相當感冒。值得特別注意的是中西文化論戰，掀起一波論辯高潮。

(一) 論戰揭幕：李敖的接薪

　　被李敖視為播種者的胡適，於 1961 年在亞東區科學教育會議的英文開幕演講中敘述他要以一個「魔鬼的辯護士」的身分說不中聽的話。他認為東方老文明沒有多少精神成分。尤其一個文明容忍像婦女纏足的習慣到一千多年，而政府和百姓並沒有提出抗議，而另一個文明容忍種性制度也好幾千年，如何能有進步的精神價值。因此胡適認為東方人應承認東方老文明中，很少有精神價值，或是完全沒有精神價值，也應對科學和技術的近代文明要充分接納。[8]這篇講稿的中文翻譯第二天見報後，引起學術界議論

---

[8]　胡適如此說明：「我又曾說到，『唯物的文明』這個名詞雖然常被用來譏貶近代西方世界科學和技術的文明，在我看來卻更適宜于形容老世界那些落後的文明。因為在我看來那個被物質環境限制住了、壓迫下去了而不能超出物質環境的文明，那個不能利用人的智慧來征服自然以改進

紛紛。《文星》也刊出經過胡適認可的講詞譯文。編者在〈編輯室報告〉對
〈科學發展所需要的社會改革〉有一番的解釋，也胡適這篇講稿的地位提
升至「新文化運動史上一頁重要文獻，指引著青年的一代走上科學發展的
正確道路。」⁹徐復觀在《民主評論》¹⁰也發表〈中國人的恥辱東方人的恥
辱〉¹¹，嚴厲批評胡適既不懂中國更不懂西方，更將之視為中國人的恥辱。
¹²儘管當時在香港的《民主評論》，以及在臺灣的《自由中國》，都有抵抗

人類生活條件的文明，才正是『唯物的』。總而言之，我要說：一個感到自己沒有力量對抗物
質環境而反被物質環境征服了的文明，才是『唯物』得可憐。」可見胡適始終認為東方文明較
為落後，也從未放棄德先生與賽先生的理念，胡適在同一篇文章繼續說道：「我現在回過頭去
看，我還相信我在大約三十五年前說的話是不錯的。我還以為這是對東方和西方文明很公正的
估量。我還相信必須有這樣的對東方那些老文明、對科學和技術的近代文明的重新估量，我們
東方人才能夠真誠而熱烈的接受近代科學。」胡適仍相當熱烈的擁抱西方文明的「全盤西化」
理念。見胡適，〈科學發展所需要的社會改革〉，《文星》，臺北：文星書店，1961 年 12 月
1 日，頁 5-6。

9 〈編輯室報告〉中敘述：「新文化運動，雖然已有幾十年的歷史，但是，由於我們的社會保守
勢力太大，『衛道』者緊緊地抱著時代的後腿，不許前進，因此，有五千年『精神文化』的『上
國』，卻被二十世紀的文明世界當作『落後地區』來開發。然而我們並不以為羞，還要喋喋不
休地誇耀中國文化價值，輕視西方的技術文明，這種偏見，才是發展現代文化的致命傷。儘管
有人不能理解胡適先生的觀點，但無論如何他的這篇講詞將是新文化運動史上一頁重要文獻，指
引著青年的一代走上科學發展的正確道路。」編者，〈編輯室報告〉，《文星》，臺北：文星
書店，1961 年 12 月 1 日，頁 2。

10 《民主評論》雖是由徐復觀等於於香港創刊，但和《自由中國》原先不僅志同道合，徐復觀本
人亦曾在《自由中國》發表文章。後因新儒家立場、自由西化立場以及兩刊成員之間的恩怨，
導致《民主評論》和《自由中國》處生摩擦。而兩刊之間的矛盾，後來也蔓延成《民主評論》
和《文星》的衝突。

11 徐復觀批判胡適的言詞鋒利，幾近謾罵：「今天在報上看到胡博士在亞東科教會的演說，他以
一切下流的辭句，來誣衊中國文化，誣衊東方文化，我應當向中國人，向東方人宣佈出來，胡
博士之擔任中央研究院院長，是中國人的恥辱，東方人的恥辱。我之所以如此說，並不是因為
他不懂文學，不懂史學，不懂哲學，不懂中國的，更不懂西方的，不懂過去的，更不懂現代的。
而是他過了七十之年，感到對人類任何學問都沾不到邊，於是由過份的自卑心理，發而為狂悖
的言論，想用誣衊中國文化，東方文化的方法，以掩飾自己的無知，向西方人賣俏，因而得點
殘羹冷汁，來維持早經掉到廁所裏去了的招牌，這未免太臉厚心黑了。」詳見徐復觀，〈中國
人的恥辱 東方人的恥辱〉，《民主評論》，1961 年 12 月 20 日，頁 617-618。

12 刊登胡適文章會引發諸多衝突，《文星》早已預見，〈編輯室報告〉說「本期的『文星』所發
表的有關文化思想討論的文章，是從各種角度立論的，彼此有相互呼應之處，也有相互矛盾之
處。今後，我們的立場態度仍然如此，來稿只要是理性的，而不是肌肉衝動的——例如謾罵人

共產黨的立場，徐復觀和胡適、李敖亦均屬自由主義者，但卻產生觀念上的齟齬。而這也引發《文星》的李敖和《民主評論》的徐復觀發生論辯。在某種程度上來說，可以說是港臺自由場域內的鬥爭，自由派人士茶壺裡的風暴。

　　而由演講詞和〈科學發展所需要的社會改革〉一文所引發的批判，胡適始終沒有反應，自由派人士們也沒有應援胡適。而以胡適傳人自居的李敖，則在《文星》發表〈播種者胡適〉一文。[13]主要敘述胡適提倡與維護民主與科學，並且在北大校長任內，致力於以大學為國家學術獨立的根據地。同時，也將胡適推向自由學風與振興中國教育的地位。李敖頌揚胡適的自由精神，但對於胡適的學術成就卻沒有太多的肯定，甚至認為在嚴格的標準下，胡適能否被稱為哲學家和史學家仍有可議之處。但同時李敖又認為胡適是一個褪了色的詩人，一個落了伍的外交家，一個最卓越的政論家，一個永不停止的真理追求者。這些敘述，並非李敖故意壓低胡適在其他領域的地位，而是在諷刺那些批判胡適者。李敖談胡適，敘述以胡適在當時社會所處的地位來看，胡適並不是一個過時的人。因為過時的人會被社會遺棄，至少不再受到重視。但從報章雜誌上胡適仍是「名滿天下，謗亦隨之」的大家學者，同時也是毀譽交加的新聞。此外，李敖因自身思想前衛，甚至認為在某些點上，胡適仍太保守與太舊式，但他仍想不到胡適這些在他眼中平淡無奇的言論，仍不為當時社會所容。

　　身攻擊，我們將儘可能的刊載」。詳見編輯，〈編輯室報告〉，《文星》，臺北：文星書店，1962 年 2 月 1 日，頁 2。

[13] 李敖說：「民國六年，胡適回國進北京大學當教授，有如『東風』，北大開始熱鬧蓬勃起來，在短短的一兩年間，胡適領導的文學革命，成功地救活了國語運動，產生了白話文學作品，把歐美的新文學介紹給中國知識分子。之後的兩三年間，胡適用新方法整理了中國哲學史，創立了新式標點，宣傳了『不朽』論，介紹了實驗主義，攻擊了孔家店和舊式的父子問題，改革了不合人情的喪禮，鼓吹了女權和新的性觀念，提倡了新詩。民國八年的五四運動，『德先生』和『賽先生』把胡適所希望的單純的文化運動轉變為政治運動。四十年來，胡適持續地提倡與維護民主與科學；在北大校長任內，致力於以大學為國家學術獨立的根據地。」李敖，〈播種者胡適〉，《文星》，臺北：文星書店，1962 年 1 月 1 日，頁 3-7。

1962 年 1 月的《文星》同時刊出居浩然的〈恭賀新禧〉[14]和胡秋原的〈超越傳統派西化派俄化派前進〉[15]。居浩然的文章主要支持胡適的論點，但卻認為胡適說東方的古老文化中沒有精神的成分，或東方過去沒有精神文明，那也是一種偏見。[16]他也暗中批判新儒家一派的自由主義學者，諷刺中國人自以為有精神文明，而且是足以與近代科學抗衡的精神文明，所以一百門功課都可以請留學生教，哲學則必須由國學權威教，也批判中國哲學仍舊留在中國文學系裡由新儒家教。至於胡秋原的長文長達二萬七千餘言，文星不得不增加八頁篇幅把它一次登完。這文章原是胡秋原給文星編輯陳立峰的信，〈編輯室報告〉說這封信對中國五十年來的文化發展過程有了一個概述，而其中甚多地方批評胡適。數十年來，中國文化在傳統的、西化的、俄化的龐雜思想激盪，並且相互消長，而胡秋原先生，卻超越以上這些思想體系之外，保持凌空而獨立的見解。現代的青年如果要了解近代中國文化發展的過程，讀此信可能有啟發。

鄭學稼在文星第五十二期（二月一日）發表〈小心求證『播種者胡適』的大膽假設〉[17]，批評李敖在〈播種者胡適〉文中說胡適進北大當教授，北大才熱鬧蓬勃起來，全是沒有「小心求證」的「大膽假設」，並列舉《新青年》從 1916 年至 1922 年間，胡適在《新青年》發表的信和文章，證明陳獨秀早在胡適回國之前就主張科學與民主

李敖則在同一期刊登〈給談中西文化的人看看病〉[18]，同時批評了四

---

[14] 居浩然，〈恭賀新禧〉，《文星》，臺北：文星書店，1962 年 1 月 1 日，頁 7-8。

[15] 胡秋原，〈超越傳統派西化派俄化派前進〉，《文星》，臺北：文星書店，1962 年 1 月 1 日，頁 9-19。

[16] 有趣的是，在胡適的觀念中，只要是對全盤西化有所保留者，等同於守舊派。

[17] 鄭學稼，〈小心求證『播種者胡適』的大膽假設〉，《文星》，臺北：文星書店，1962 年 2 月 1 日，頁 25-27。

[18] 李敖，〈給談中西文化的人看看病〉，《文星》，臺北：文星書店，1962 年 2 月 1 日，頁 9-17。

十幾位三百多年來的中國人物，敘述他們都有病。[19]李敖說所謂「存其所當有，去其所當去」、「取長捨短，擇善而從」的面對西方文化的理論是行不通的。李敖敘述「我們面對西方現代文化，就好像面對一個美人，你若想佔有她，她的優點和『缺點』就得一塊兒佔有。」企圖改正美人缺點，就是妄自尊大的厚顏。因此「我們一方面想要人家的胡瓜、洋蔥、鐘錶、席蒙思、預備軍官制度；我們另一方面就得忍受梅毒、狐臭、酒吧、車禍、太保、大腿舞和搖滾而來的瘋狂。

　　徐高阮則在〈胡適之與「全盤西化」——一頁思想的歷史〉[20]裡為「全盤西化」進行歷史的考證。徐高阮認為胡適早期的思想並無「全盤西化」的論調，真正提出「全盤西化」口號的是陳序經，胡適最後修正「全盤西化」為「充分世界化」，那是民國二十四年六月的事。徐高阮認為要救中國，就必須在態度上充分採取近代西洋文化的最新工具和方法，但承認對舊的文化要採取一個評判與重新估價的態度。

(二) 論戰中期：胡適的逝世

　　1962 年 2 月 24 日胡適在主持中央研究院院士選舉時，於酒會結束時昏迷倒地去世。《文星》便連夜改版，將 1962 年 3 月的第五十三期定為「追思胡適之先生專號」，集刊了陳立峰〈胡適死了，「胡適思想」仍然活著！〉[21]、毛子水〈胡適之先生哀詞〉[22]、梁實秋〈「但恨不見替人！」〉[23]、葉公

---

[19] 文中敘述有以下病徵：義和團病、中勝於西病、古已有之病、中土流傳病、不得已病、酸葡萄病、中學為體西學為用病、東方精神西方物質病、挾外自重病、大團圓病、超越前進病（泛祖宗主義、淺嘗即止的毛病、和經濟背景脫節、不了解文化移植的本質）等。

[20] 李敖，〈胡適之與「全盤西化」——一頁思想的歷史〉，《文星》，臺北：文星書店，1962 年 2 月 1 日，頁 5-8。

[21] 陳立峰〈胡適死了，「胡適思想」仍然活著！〉，《文星》，臺北：文星書店，1962 年 3 月 1 日，頁 3。

[22] 毛子水，〈胡適之先生哀詞〉，《文星》，臺北：文星書店，1962 年 3 月 1 日，頁 4。

[23] 梁實秋，〈「但恨不見替人！」〉，《文星》，臺北：文星書店，1962 年 3 月 1 日，頁 5。

超〈深夜懷友〉[24]、徐復觀〈一個偉大書生的悲劇——哀悼胡適之先生〉[25]、黎東方〈適之先生二三事〉[26]、胡秋原〈倒在戰場上的老將軍〉[27]、李敖〈胡適先生走進了地獄〉[28]、蔣復璁〈追憶胡適之先生〉[29]、王洪鈞〈我們應該趕過他〉[30]、余光中〈中國的良心——胡適〉[31]等十一篇紀念文章。

1962 年 3 月的第五十三期，另外尚有三篇討論中西文化問題的文章。分別為胡秋原〈由精神獨立到新文化之創造——再論超越前進〉[32]、徐復觀〈過份廉價的中西文化問題——答黃富三先生〉[33]、李敖〈為「播種者胡適」翻舊帳〉[34]。

胡秋原認為數十年來中國在學術思想上的不進步，是由於三種門戶主義（復古、西化、俄化）的影響。胡秋原敘述中西文化根本上並沒有不同，因為中國人有創造文化之能力，至於鴉片戰爭失誤，是由於明清政府閉關八股，人為錯誤政策的後果，並非中國文化根本不行，或中國民族根本不成。因此，胡秋原認為三種門戶主義皆對中國民族之本身失去信心，實由勢利主義心理，而此種心理，都是因為在國運頹敗過程之中，對於歷史與

---

[24] 葉公超，〈深夜懷友〉，《文星》，臺北：文星書店，1962 年 3 月 1 日，頁 5-6。

[25] 徐復觀，〈一個偉大書生的悲劇——哀悼胡適之先生〉，《文星》，臺北：文星書店，1962 年 2 月 1 日，頁 6。

[26] 黎東方〈適之先生二三事〉，《文星》，臺北：文星書店，1962 年 3 月 1 日，頁 7。

[27] 胡秋原〈倒在戰場上的老將軍〉，《文星》，臺北：文星書店，1962 年 3 月 1 日，頁 8-9。

[28] 李敖〈胡適先生走進了地獄〉，《文星》，臺北：文星書店，1962 年 3 月 1 日，頁 9。

[29] 蔣復璁〈追憶胡適之先生〉，《文星》，臺北：文星書店，1962 年 3 月 1 日，頁 10。

[30] 王洪鈞〈我們應該趕過他〉，《文星》，臺北：文星書店，1962 年 3 月 1 日，頁 11。

[31] 余光中〈中國的良心——胡適〉，《文星》，臺北：文星書店，1962 年 3 月 1 日，頁 12。

[32] 胡秋原〈由精神獨立到新文化之創造——再論超越前進〉，《文星》，臺北：文星書店，1962 年 3 月 1 日，頁 20-38、頁 43-48(接續)。

[33] 徐復觀〈過份廉價的中西文化問題——答黃富三先生〉，《文星》，臺北：文星書店，1962 年 3 月 1 日，頁 49-55。

[34] 李敖〈為「播種者胡適」翻舊帳〉，《文星》，臺北：文星書店，1962 年 3 月 1 日，頁 56-63。

文化失去自信而來。[35]胡秋原也評論徐高阮、居浩然、李敖的三篇文章。胡秋原說兩位廣義西化派，一位中年（即居浩然），一位青年（即李敖）的主張不外兩句。一則曰：「科學只有全盤接受，民主則大有討論餘地。」二則曰：「文化是整體，只要好的不要壞的，這種好夢做不成的」。前者可稱「半全盤西化」，後者可稱「過全盤」或「重全盤」。居浩然沒有將學問基礎打好，看了幾本書不了解。李敖寫〈播種者胡適〉是歌頌一人，寫〈看看病〉則謾罵一世，他的文字表現兩點。一是極大虛榮心，二是謾罵一切。青年而好罵，是集二病於一身。胡秋原顯然對於全盤西化持堅決反對的態度。

　　至於徐復觀則是評論黃富三〈與徐復觀先生論東西文化〉的論點，重心仍是放在在胡適的「現在正是我們東方人開始承認在那種古老的文明中，很少有靈性，或者沒有」，和他的「中國人的恥辱，東方人的恥辱」那幾句話上。[36]最後他說：「我對胡博士的抗議，不僅是作為一個中國人，作為一個東方人，所應有的抗議。同時也是作為關心人類整個文化的任何人，所應有的抗議。」而李敖在〈為「播種者胡適」翻舊帳〉中，同時反駁葉青的〈誰是新文化運動的播種者〉，和鄭學稼的〈小心求證「播種者胡適」的大膽假設〉兩篇文章。[37]對於中西文化之間的探討，完全沒有交集，可

---

[35] 胡秋原文中的敘述有以下幾項：應澄清討論的問題：為什麼討論中西文化？；望有君子協定，維持討論之學術水準；由中西文化之相遇，到問題之發生，到門戶主義之發生；門戶主義之破產；超越論之根據、主張及其目標；問題在「西化」不在「全盤」與否；具備基本知識，清楚概念，邏輯思考，始可入學問之門；認真讀書，嚴密思考，不驚虛浮，心存正大，才是青年正道；大家抖撥精神——由知識界之獨立團結創造，向全中國世界之統一前進。

[36] 徐復觀主要從幾個面向進行反駁：討論的基礎；怎樣會轉移到中西文化問題上去、我在什麼地方反對過強調科學；我沒有交代清楚什麼；科學與理想；拿社會科學來作一連貫的裁誣；黃先生的時間觀念；黃先生的邏輯知識；面對黃先生的教訓。

[37] 李敖說捧胡和罵胡的人約可分六派：在捧胡適的人中，文章派有毛子水；詩歌派有勞幹；行動派有某校長夫人。批胡者中亦有三派，叫罵派有徐復觀；栽贓派有「胡適與國運」作者；翻案派。李敖說胡適並非是唯一的播種者，因為人人皆可播種，但文學革命的鼓吹是胡適的首倡。這是由於李敖認為胡適十七歲時便用純口語寫文章，早於陳天華；而陳獨秀所談的科學又太耽於抽象化，胡適的科學觀是嘗試而具研究性的。最後，李敖認為胡適對民主政治的態度是低調而堅強的。

以說是各說各話。

　　圍繞著胡適的筆戰的不斷加薪添柴，戰火燃燒到《文星》第 54 期。這一期與戰文章計有：鄭學稼的〈論白話文和白話文的運動──附答李敖先生〉[38]、居浩然的〈西化與復古〉[39]、李敖的〈我要繼續給人看看病〉[40]、許登源的〈從超越前進到狂妄〉[41]、洪成完的〈玄學英雄底狂想曲〉[42]、李彭齡的〈從「一無所知」「有無靈性」為胡適先生辯誣〉[43]、黃富三的〈「妙論」與「謬論」〉[44]、東方望的〈也算「微詞」〉[45]，以及孟戈的〈接過棒子來，跑吧！〉[46]等。

　　鄭學稼對於「小心求證『播種者胡適』的大膽假設」這個題目的文法是否正確、李敖是不是捧胡派、胡適是不是北大的「東風」、白話報和白話誰先誰後、冷靜或狂熱對待科學與民主的問題、誰是虛無主義者、誰先喊「打到孔家店」等等問題，一一辯解。最後談到胡適本人，居浩然認為「胡博士的主張中，值得我們珍視的是容忍精神和懷疑精神。前者，全部保存，後者只能保持一半。」[47]顯然只同意胡適的容忍自由觀。[48]居浩然為胡適的

---

[38] 鄭學稼的〈論白話文和白話文的運動──附答李敖先生〉，《文星》，臺北：文星書店，1962年 4 月 1 日，頁 43-54。

[39] 居浩然的〈西化與復古〉，《文星》，臺北：文星書店，1962 年 4 月 1 日，頁 4-6。

[40] 李敖的〈我要繼續給人看看病〉，《文星》，臺北：文星書店，1962 年 4 月 1 日，頁 7-15。

[41] 許登源的〈從超越前進到狂妄〉，《文星》，臺北：文星書店，1962 年 4 月 1 日，頁 16-19。

[42] 洪成完的〈玄學英雄底狂想曲〉，《文星》，臺北：文星書店，1962 年 4 月 1 日，頁 20-23。

[43] 李彭齡的〈從「一無所知」「有無靈性」為胡適先生辯誣〉，《文星》，臺北：文星書店，1962年 4 月 1 日，頁 24-28。

[44] 黃富三的〈「妙論」與「謬論」〉，《文星》，臺北：文星書店，1962 年 4 月 1 日，頁 43-54。

[45] 東方望的〈也算「微詞」〉，《文星》，臺北：文星書店，1962 年 4 月 1 日，頁 29-36。

[46] 孟戈的〈接過棒子來，跑吧！〉，《文星》，臺北：文星書店，1962 年 4 月 1 日，頁 37-38。

[47] 鄭學稼文中分為幾個層次：關於題目不通；關於硬把你擠成胡派；關於「東風」；關於「人海戰術」和「心智」不「真誠」的「表」；關於白話報和白話；關於科學與民主；關於虛無主義；關於「每周評論」和陳獨秀被捕的反應；關於打倒孔家店；關於仇恨胡適和批評胡適。

[48] 殷海光反對全然懷疑的自由精神，認為容忍是解決中國人心理問題的普通良方。不過殷海光也指出，從中國過去的歷史經驗來看，容忍的通常是百姓，被容忍的往往是統治階層。

西化運動辯護，認為現在的全盤西化，應是專就以近代西洋科學為基礎的工業技術而言，因此全盤西化就是全盤科學化和全盤工業化。他批評胡秋原所提的「俄化」問題是「不知所云」。居浩然居浩然向胡秋原挑戰公開比「讀」、「說」、「寫」英文，又開個洋書單要他「不妨認真將這些書讀通，再談知識社會學不遲」，文字刻薄不留餘地。

　　李敖則另外批判徐道鄰的文化觀念中有「世界博物館館長」的好夢，敘述徐道鄰想拿萬花筒式的方法，維持各地文化傳統於不墜，明明是為傳統派做嫁衣裳。李敖又指胡秋原「是一位病得很辛苦的大病人」，並陳述其長篇大論矛盾百出，例如〈超越〉一文就有自相矛盾三十七處之多。許登源批評胡秋原以「立正，向前看，超越，前進」來比喻「超越」完全是口號，不但「一點也沒說到具體的方法」，而且邏輯觀念也不正確。[49]許登源則建議胡秋原「應先修好大一邏輯」，言詞間諷刺味十足。[50]洪成完批評胡秋原的〈由精神獨立到新文化之創造〉，洪成完敘述做為一個「淵博常識」的知識分子，除了先天因素外，還必須多讀及格的書，多做硬功夫，如果不了解及接受新知識，對於尚在論爭中的問題狂加斷說，他便沒有資格談現代問題。他批評胡秋原不過是一個「蜘蛛式的玄學英雄」，「頭腦不邏輯」，昧然不知「科學」是何徵性，勸他「勿玩弄名詞，也勿被名詞玩弄」，「多

---

[49] 李敖在文中敘述幾個重心：我「弄擰」了徐道鄰的「原意」了麼？；徐道鄰的「文化觀念」；徐道鄰為傳統派做嫁衣裳；徐道鄰眼裏的「花柳病」；徐道鄰的新保守主義；胡秋原的學術水準與君子詞令；胡秋原的「自相矛盾」；胡秋原「對于事實之陳述」；胡秋原「剪除枝葉」的成績；希望胡秋原「毫無怨言」。

[50] 許登源的砲火也不遑多讓，內文有以下幾點：討論「中西文化」人士必先釐清自己所選取的態度（1 大教主的態度、2 被收買的文化掮客的態度、3 詩人的態度、4 科學家的態度、5 建築師的態度）；看胡秋原怎樣超越；胡秋原應先修好大一邏輯（1 幾個名詞的誤譯與誤解、2 信手拈來幾個「虛妄」的推演）；胡秋原不懂邏輯經驗論的哲學；最後我要說到年輕人對胡秋原的希望。

動大腦多思考，少動小腦耍筆桿」。[51]李彭齡則批評徐復觀的〈一個偉大書生的悲劇〉與〈過份廉價的中西文化問題〉。李彭齡認為徐復觀在〈過份廉價的中西文化問題〉中編織胡適「五大罪狀」，是「言不由衷」、「亂放冷箭」，「就東西文化任何一方面來看，都是一種失態」。[52]李彭齡懷疑徐復觀根本不曾，也不能真正的了解過胡適，因此他筆下的胡適，都是不正確的。

黃富三也駁斥徐復觀批評「東方古代文明中是否很少有靈性，或者沒有」。黃富三敘述「胡適是點評東方文明只有極少的精神價值，並非說東方文明根本沒有靈性。」黃富三問「凡是人便有靈性嗎？殺人不眨眼的魔王也有靈性嗎？」黃富三認為「東方文明甚少精神價值，或者沒有」並不等於說「東方人不是人」，因為「人」是動物類屬的名稱，文化的有沒有靈性和是不是「人」，是不相干的的兩回事。至於婦女纏足的問題，胡適只是舉出「包小腳」這個例子，說明中國文化的少精神成分，因此徐復觀的批評，「只是向空中虛放一響而已。」東方望批評徐復觀在胡適過世前大罵胡適「向西方人賣俏」，說對胡適的學問有「微辭」；但兩個月後胡適逝世，卻又寫文章讚揚胡適；因此東方望說「在古今中外之褒貶文章中，兩個月之內，如此轉變態度者，當推徐復觀教授為第一。」[53]

這一期的《文星》，幾乎是一本反胡反徐的特輯，集中火力聲討「保守的義和團分子」，以四篇圍攻胡秋原，三篇圍攻徐復觀，即使徐道鄰的一封短信，也遭受無情的批判。作者們熟練地運用邏輯辯證技巧，毫不留情地把對方逼到牆角，再用教訓的口吻數落對方，要他們回去多讀點書再回來辯論。自從《文星》第五十四期刊出居浩然、李敖、許登源、洪成完等人

---

[51] 洪成完也加入批判胡秋原的陣營，分成幾個層次：玄學英雄；「頭腦不邏輯」；愛因斯坦與邏輯實徵論底『知識標準』；『意見』與科學；『今日科學最大原理是概然率，算不算講價呢？』；後設數學、後設邏輯與後設科學。

[52] 李彭齡表面上溫和，但敘述極其諷刺，內文平穩，多是質疑的口吻：「筆伐」到「哀悼」；是誰沒有好好地研究文化？；東方文明中有沒有靈性——胡先生沒有錯；最後的話——讓新文化起飛吧！等等。

[53] 東方望敘述了幾個問題：東方文化的靈性問題；誰在誣衊？；「白紙是白的」之偉大發現者；大膽的界定；玄學與幻想；魔術家與變戲法；超現實派的「歷史家」；偉大的邏輯學家。

圍攻胡秋原、徐復觀的文章之後，胡秋原轉移陣地，開始改在《世界評論》上為文反擊《文星》。

　　《文星》第55期繼續刊登討論胡適思想及文化問題的文章，以及三篇紀念「五四」四十三週年的文章。田尚明在〈談胡適在「新青年」發表的信和文〉[54]中，批駁鄭學稼的〈小心求證『播種者胡適』的大膽假設〉和〈論白話文和白話文的運動——附答李敖先生〉。他說，不可隨便給李敖亂戴「維新斯基」的帽子；也不可給胡適戴上「虛無主義者的帽子」。

　　梁容若在〈如何奠定現代文化基礎〉[55]中，希望學術界的風氣現代化，大家多向前看向大處著眼，認為舊帳是算不完的，一時也難有結論。梁容若敘述毛子水、胡秋原、居浩然、徐復觀、李敖諸人悼念胡適的文章，命意大體相同；居浩然當年教國文的種種高見，和徐復觀所說的，相去並不太遠。聽說李敖冷天常常穿長袍，文章又滿篇成語，喜掉書袋，可見他還不能割斷傳統，完全西化。徐復觀的兒女都在外國學理工，足證他們一家也是追求現代化，熱心科學，和胡適李敖並無不同。黃寶實則在〈弭兵停戰議〉[56]中，認為中西文化論戰論少戰熱，流於有戰無論，看起來未免美中不足。因此他呼籲交戰論者，各自忍辱一次，布施一次，弭兵停戰，而移轉智慧於文化之體認研究，並從中宣揚好的地方。

　　此外，尚有一篇葉一鳳的〈謾罵不能推行西化〉[57]。葉一鳳說李敖最近接連著給談中西文化的人「看了兩次病」，李敖所表現的熱情和博覽值得佩服。葉一鳳認為即使李敖說話的禮貌較差，但是看在其善良的動機上，可以不必計態度。但葉一鳳仍批判李敖謾罵決不是推行西化的好辦法，蠻橫無理的態度，依仗「年老」固然不可以，依仗「年少」同樣的不可以。

---

[54] 田尚明，〈談胡適在「新青年」發表的信和文〉，《文星》，臺北：文星書店，1962年5月，頁14-16。

[55] 梁容若，〈如何奠定現代文化基礎〉，《文星》，臺北：文星書店，1962年5月，頁7-8。

[56] 黃寶實，〈弭兵停戰議〉，《文星》，臺北：文星書店，1962年5月，頁80。

[57] 葉一鳳，〈謾罵不能推行西化〉，《文星》，臺北：文星書店，1962年5月，頁11。

　　中西文化論戰持在胡適逝世後，持續熱戰，在《文星》第五十六期登出包奕明的〈中國文化問題的關鍵〉[58]，並重刊二十七年[59]前張佛泉寫的〈西化問題之批判〉[60]。李敖在這一期寫了一篇〈媽媽・弟弟・電影〉[61]，說他的親愛的媽媽的第一生命是她自己，第二生命是弟弟，第三生命是電影，是之謂「三命主義」。又藉他媽媽的酷愛電影，來諷刺那些食古不化而偷偷模仿西方新事物的老古董。李敖自認這是「遊戲文章」，這也是李敖自稱「寫起文章六親不認，不寫文章時認得的六親也不多」的具體表現。

　　《文星》第五十七期繼續刊登中西文化問題研究與文化問題論辯的文章。居浩然在〈從門德雷夫的週期表說起〉[62]中，諷刺胡秋原既不懂自然科學，又要賣弄從通俗版科學雜誌得來的知識，結果與義和團思想分子一樣不打自招地暴露弱點。然而，居浩然忽然筆鋒一轉大力批判上期文星〈如何奠定現代文化基礎〉和〈弭兵停戰議〉的作者梁容若、黃寶實二人，說前者是鄉愿，後者是活死人，「因為這種人已無精神生命，他倒要看看這活死人受了我的惡罵有什麼反應：若是不能忍辱，則自打嘴巴；假使忍辱布施，那是死定了，則以入土為安，今後免開尊口。」孟戈在〈鄭學稼腦袋裡的東西〉[63]中公佈鄭學稼藐視李敖和訕譏胡適的思想材料，內容大量採自 1954 年中共「展開對胡適的資產階級唯心論思想的全面批評」政策之下圍剿胡適的千萬字文章，1955 年香港三聯書局出版的《胡適思想批判（論文彙集）》八大本，以及許多中共理論家批判胡適的文獻。這一期的〈編輯室報告〉[64]說：「這次文化問題的討論，文星僅供給篇幅，讓各種不同意見

---

[58] 包奕明，〈中國文化問題的關鍵〉，《文星》，臺北：文星書店，1962 年 6 月，頁 6-18。

[59] 原刊載於 1935 年 4 月 1 日出刊的《國聞周報》。

[60] 張佛泉，〈西化問題之批判〉，《文星》，臺北：文星書店，1962 年 6 月，頁 19-22。

[61] 李敖，〈媽媽・弟弟・電影〉，《文星》，臺北：文星書店，1962 年 6 月，頁 59-60。

[62] 居浩然，〈從門德雷夫的週期表說起〉，《文星》，臺北：文星書店，1962 年 7 月，頁 14-17。

[63] 孟戈，〈鄭學稼腦袋裡的東西〉，《文星》，臺北：文星書店，1962 年 67 月，頁 26。

[64] 編輯室，〈編輯室報告〉，《文星》，臺北：文星書店，1962 年 7 月，頁 2。

的人都有發表的機會，但沒有料到有人辯翻了臉，反而遷怒於文星，這是我們感到很遺憾的。」後來胡秋原已不再寄稿給文星，而在《世界評論》上發表，答覆在《文星》上攻擊他的作者。蕭孟能曾去信給胡秋原要求見面商談均得不到答覆，可知胡秋原已與《文星》決裂。

胡秋原本是《文星》的長期作者之一，以文章特長見稱，而《文星》從來是以文章一次登完為原則，所以為了他的長文特別增加篇幅，他發表於文星的最後一篇文章，是刊於第五十三期，追思胡適特大號的〈由精神獨立到新文化之創造〉，之後便不再向文星投稿。與此同時，常受蕭孟能邀稿的鄭學稼、徐復觀二人，也退出了文星園地。胡、鄭、徐三人本來跟文星編輯群私交甚篤，在中西文化論戰，遭到擁護「全盤西化」的青年知識分子在文星園地上連番圍攻，雙方由論戰而謾罵甚至互戴帽子，乃至大肆人身攻擊，最終與《文星》斷絕來往。《文星》發行人葉明勳與主編陳立峰日後離職，皆和這個論戰的爆發有密切關係。

(三) 論戰尾聲：止於毀謗案

《文星》第五十八期的封裡刊登了三個啟事，當中一個聲明原任發行人葉明勳先生近因事物繁忙，而主編陳立峰先生因健康欠佳,已分別辭職。並且，發行人由社長蕭孟能兼任；編輯事務由編輯委員會處理。葉明勳、陳立峰、蕭孟能是文星鼎足而三的創辦元老，尤其何凡是創刊前四年的主編，雖然葉明勳並不過問社務及編務，但長期擔任發行人，葉明勳卻毅然辭去。《文星》爆發牽連甚廣的中西文化論戰，而且後來又進入司法糾紛，葉明勳可能因此不願牽連在內。而陳立峰是《文星》的執行編輯人，《文星》的新走向引發眾多思想家與知識分子的對壘，與其人際關係產生不少衝突，且與陳立峰的性格和理念不相符，因此也隨之求去。因此，蕭孟能身兼《文星》所有要務，成為該雜誌場域中的唯一領導者。

同一期文星的首篇是余光中的〈歡迎中國的文藝復興〉[65]，此文可說

---

[65] 余光中的，〈歡迎中國的文藝復興〉，《文星》，臺北：文星書店，1962 年 8 月，頁 3-5。

是《文星》了為改變風格定調的指標性社論。余光中敘述 1962 年的文化界是多采多姿的，但胡適先生卻在一片讚美與詬罵之間死去。在這場中西文化論戰聲中，年輕一代的代言人李敖，雖是重要的論戰領導者，但也多少成為毀譽參半的人物。余光中形容這項是一些假髮被無情地揭開，一些偶像自高高的像座上跌下來。余光中自陳五四一輩的人物中，在其接觸的範圍內，頗有幾位欣賞李敖先生的膽識與筆鋒。此外，余光中也讚譽李敖知無不言，言無不暢的風格，以及重重敲擊偶像的駝背的勇氣，認為這些色性都是值得欽佩的。余光中說時代需要的是勇敢而誠實的青年，不需要規行矩步的鄉愿。而自從何凡、葉明勳、陳立峰等《文星》核心人物相繼離職後，以李敖和居浩然為首的所謂新知識分子，儼然以西化派的主流自居，在論戰中的發言更加的辛辣而毫不留情。

《文星》第 58 期最重要的文章應為李敖的〈「文化太保」談梅毒〉[66]。李敖以其招牌性的論辯筆法引經據典，文明即梅毒，藉以支持「要西化就得接受全盤西化，壞的也得和血吞」的一貫論調。李敖敘述在東西文化交流的漫長歷史中，梅毒獨占了一個所向披靡的地位，任何固有文化擋不住它，任何文化導演擺佈不了它，它來自近世文化的源頭，走向全盤交易的尾閭，它好像驕傲的告訴那些為西方輪船設立碼頭的國家：「你們不是要接受西方近代文化嗎？你們也得同時接受我，和我所代表的一切壞文化」。李敖敘述他知道所有的知識分子都想超越前進和擇善而從，但是天下並沒有這種便宜事。李敖認為西方近代文化的這點光芒，是經過千辛萬苦換來的，即使有流弊，連西方自己都甩不掉，因此東方的知識分子想取長捨短並後來居上，幾乎是不可能的事情。

《文星》第 59 期，李敖又寫了一篇〈由一絲不掛說起〉[67]，由瑪麗蓮夢露之死開始敘述半世紀以來美國女人的穿衣習慣的變遷，從保守的層層疊疊至裸露的三點式泳衣，李敖看出在現代化的潮流中，衣裳的式樣跟對

---

[66] 李敖，〈「文化太保」談梅毒〉，《文星》，臺北：文星書店，1962 年 8 月，頁 10-13。

[67] 李敖，〈由一絲不掛說起〉，《文星》，臺北：文星書店，1962 年 8 月，頁 32-35。

肉體的觀念的蛻變，而西方各種藝術的創作，得自他們繼承古希臘對肉體美的尊重與欣賞。李敖反觀中國人的裸體藝術表現，在封建禮教的薰陶之下都是變態的，甚至是可恥的。李敖認為民國以後，中國的社會風氣漸趨開通，女性服裝的密封程度隨之逐漸開放，時至今日，仍可看出現代中國人對肉體與衣裳觀念的轉變。這種轉變是進步的、可喜的，可說是「三千年來未有之變局」。在此變局裡，李敖很高興中國這個古老的民族，在眾多老腐敗的道學屍影下，尚能奔向幾條現代化的跑道。

　　居浩然從英國寄來一信，《文星》以〈人身攻擊與詭計〉[68]為標題刊出，居浩然敘述曾有一個前輩為留英同學，領過福建人民政府的津貼，因此對於「津貼」兩字特別敏感。居浩然說在他們那輩看來，《文星》雜誌不領津貼而能繼續出版將近五年，乃是不可能的事情。至於他們自己辦的雜誌，照例津貼一停，生命告終。話鋒一轉，居浩然說「閩變」都是與虎謀皮的反動行為，參加的分子都是投機取巧的敗類。居浩然說當時講反共，是無法寬容與共匪講聯合陣線的「閩變」分子，在青天下所有人都應把個人歷史攤開來由大眾檢視。居浩然呼籲如有毒素存在，大家應幫助「自清」。借反對人身攻擊來掩蔽無法見人的過去，是一種詭計，因此居浩然敘述要毫不容情地加以揭發，因為這也是反共思想戰線上的戰鬥。

　　針對居浩然的內文，《文星》第六十期（十月一日）刊出李敖的文章〈胡秋原的真面目〉[69]。這期的封裡刊登「蕭孟能啟事」，敘述蕭孟能開設文星書店已經十年，辦《文星》雜誌也滿了五年，一貫的目的都在為「自由中國」的文化界、出版界盡力。然而蕭孟能自認這些年來，雖受到各界愛護指導而有所感謝，但中西文化論戰以來，有部分人士在報紙上、雜誌上、甚至在立法院裏，對文星書局和《文星》雜誌有很多惡意的攻擊和陷害。我個人過去的不怕調查；將來的能受考驗。如有任何困擾，全按理性和法律解決。因此他特別謝謝許多來慰問我的朋友們，也決定為了文化、理想、

---

[68] 居浩然，〈人身攻擊與詭計〉，《文星》，臺北：文星書店，1962 年 9 月，頁 35。

[69] 李敖，〈胡秋原的真面目〉，《文星》，臺北：文星書店，1962 年 10 月，頁 3-8。

國家而繼續奮鬥。這則啟事告訴《文星》讀者，文星書局和《文星》雜誌已經被控告於法庭。原來，胡秋原已經 1962 年的 9 月 18 日向法院控告蕭孟能、李敖、居浩然三人誹謗罪。而居浩然的文章〈人身攻擊與詭計〉，恐怕是已經收到胡秋原即將提告的風聲而撰寫的文章。

李敖的〈胡秋原的真面目〉顯然是《文星》針對胡秋原在立法院質詢及上法庭控告的全面反擊，內文也揭開一段敏感性的歷史事件。1933 年 11 月 20 日的中國福州出現「人民代表大會」，會中通過「人民權利宣言」並建立「人民革命政府」，暫時定名為「中華共和國人民革命政府」。該政府的主席是李濟琛，委員中有陳銘樞、蔣光鼐、蔡廷楷、戴戟、陳友仁等人。這些暫時的政府人士發表宣言否認南京政府並希望打倒國民黨建立人民政權，也通電退出國民黨。閩方主力十九路軍，隨即就集中在閩北與中央軍對峙。這個聯共反黨的軍事政變，便是居浩然所說的「閩變」。李敖在文中詳述胡秋原與陳銘樞的關係，參加閩變的細節，以及閩變失敗後赴英、俄、美，七七事變後回國共赴國難、1949 年大陸陷共前夕到香港，一年後到臺灣的經過。胡秋原與《文星》眾作家因此對簿公堂。

緊接在〈胡秋原的真面目〉的後面，李敖又寫了一篇〈澄清對「人身攻擊」的誤解〉[70]，李敖認為「人身攻擊」四個字嚴格的解釋應該是為深入研究文字微意，而對作者人身所做之必要而無情之調查，並以所持的為懷疑態度，故易被作者或善意第三人視為『攻擊』，但這個攻擊的意思實際上並沒有所謂的誹謗問題。[71]而許登源也在這一期的〈談人身攻擊〉[72]中說「人身攻擊」與「誹謗」不同。「人身攻擊」是指論證中抽去與論題不相干的對對方性格的攻擊，這些攻擊可能是事實可能不是事實。如若是說一個人有某種見不得人的醜事，事實上這個人並沒有這種醜事那麼就是「誣

---

[70] 李敖，〈澄清對「人身攻擊」的誤解〉，《文星》，臺北：文星書店，1962 年 10 月，頁 9-10。

[71] 李敖分以五個標題批判胡秋原：舊日的瘡疤、十二年之蜜月、相信中共很誠懇、又講聯合戰線了、過去的教訓應該研究。

[72] 許登源，〈談人身攻擊〉，《文星》，臺北：文星書店，1962 年 10 月，頁 11-12。

謗」，而誹謗是觸犯刑法的。

　　同期還有「舊文新刊」的〈閩變真相〉五篇：難賓的〈閩變經過〉[73]、「國聞週報」的〈閩變始記〉[74]、張季鸞的〈閩變之又一教訓〉[75]、胡適的〈福建大變局〉[76]，和胡漢民等人的通電〈招致外寇，煽揚赤焰〉[77]。這一期的《文星》可以說是用來全力應付胡秋原的專集，眾人以胡秋原自己幾十年來見諸文字的資料，來回應胡秋原的提告。然而，在黨外雜誌中，以胡適的全盤西化的自由思想為起點爆發的中西文化論戰，最終卻走向雙方必須法庭相見，在筆戰上水火不容而幾乎沒有退路的戰場。

　　《文星》第 64 期，蕭孟能發表〈「文星」與胡秋原先生〉[78]一聞，就胡秋原從一位為文星所尊重的基本作者，因論戰而與文星反目絕交的前因後果，作了交待。蕭孟能對於胡秋原為了不同意《文星》刊載辯駁他的文章而決定走向法庭，不以為然，而對於十個月來心目中的一位賢者走向自毀，蕭孟能也感到不勝惋惜。蕭孟能特別舉出清朝初年的莊氏史禍歷史，批評胡秋原為了快意報怨，竟圖藉打擊吳相湘來制裁文星書局的手段是相當不聰明的做法。而蕭孟能更質疑何謂「人身攻擊」，及因研究一個人而涉及的所謂「人身攻擊」的「可避免」與「不可避免」等加以反駁解釋。另外，李晉芳律師代表蕭孟能的答辯狀，以〈對於胡秋原自訴誹謗案之答辯〉[79]為題，刊登於這一期的文星，列舉事實以證明胡秋原誣控被告「以強凌弱」、「以匪攻良」、「特權階級」等均非事實，以及論列報章雜誌的發行人不與著作人同負因消息與文字所發生的責任。

---

[73] 難賓，〈閩變經過〉，《文星》，臺北：文星書店，1962 年 10 月，頁 13-14。

[74] 〈閩變始記〉，《文星》，臺北：文星書店，1962 年 10 月，頁 14-15。

[75] 張季鸞，〈閩變之又一教訓〉，《文星》，臺北：文星書店，1962 年 10 月，頁 16-17。

[76] 胡適，〈福建大變局〉，《文星》，臺北：文星書店，1962 年 10 月，頁 17-18。

[77] 胡漢民，〈招致外寇，煽揚赤焰〉，《文星》，臺北：文星書店，1962 年 10 月，頁 18。

[78] 蕭孟能，〈「文星」與胡秋原先生〉，《文星》，臺北：文星書店，1962 年 10 月，頁 11-12。

[79] 李晉芳律師，〈對於胡秋原自訴誹謗案之答辯〉，《文星》，臺北：文星書店，1962 年 10 月，頁 9。

　　《文星》第 65 期刊出有關胡適逝世一週年的紀念文章。此外，陳立峰是《文星》雜誌的發起人之一，曾經擔任文星的編務達五年之久，於 2 月 23 日逝世。華嚴、李靈均、夏承楹、何凡等作家為文悼念。紀念胡適的文章，有孫德中的〈紀念胡適之先生逝世週年〉[80]、王洪鈞的〈胡適先生的民主修養〉[81]、李敖的〈胡適對蘇俄看法的四階段〉[82]、毛子水的〈胡適傳〉[83]，和兩篇舊文新刊：溫源寧的〈胡適之〉[84]和朱文長的〈胡適之先生〉[85]等。

　　《文星》第 67 期有李敖的文章〈現代史辯偽方法論──用「閩變」做例子〉[86]，這是一篇是對胡秋原之自訴狀的答辯狀。李敖引用歷史文獻及胡秋原自己的文字來駁斥胡秋原所有關於「閩事」非「閩變」」，「閩變」指並非叛國行為，「閩變」分子與共黨無勾結，「閩變」非流血戰爭，「閩變」與日本無關，「公積金」僅「一點錢」等等說法，李敖並稱胡秋原即使償命也「一死不足蔽其辜」。

　　《文星》第 69 期又有一篇李敖的文章〈為「一言喪邦」舉證〉[87]，繼續攻擊胡秋原。李敖說胡秋原「不堪造就，竟然老羞成怒，老下臉皮來控告我」、「讚揚史達林」、「認為戡亂無意義」、「打算做共黨百姓」、「鼓吹聯合陣線」，勸其「還是趁早投筆毀容，披髮入山罷！」完全不畏懼毀謗官司，甚至更嚴厲的批判胡秋原。

　　《文星》雖有零星的新聞自由和學術自由文章，但卻算是少數，也幾乎沒有政論批評。但自《文星》第 48 期刊登居浩然的〈徐復觀的故事〉開

---

[80] 孫德中，〈紀念胡適之先生逝世週年〉，《文星》，臺北：文星書店，1963 年 3 月，頁 5-10。

[81] 王洪鈞，〈胡適先生的民主修養〉，《文星》，臺北：文星書店，1963 年 3 月，頁 11-12。

[82] 李敖，〈胡適對蘇俄看法的四階段〉，《文星》，臺北：文星書店，1963 年 3 月，頁 15-18。

[83] 毛子水，〈胡適傳〉，《文星》，臺北：文星書店，1963 年 3 月，頁 19-27。

[84] 溫源寧，〈胡適之〉，《文星》，臺北：文星書店，1963 年 3 月，頁 12-13。

[85] 朱文長，〈胡適之先生〉，《文星》，臺北：文星書店，1963 年 3 月，頁 13-14。

[86] 李敖，〈現代史辯偽方法論〉，《文星》，臺北：文星書店，1963 年 5 月，頁 4-18。

[87] 李敖，〈為「一言喪邦」舉證〉，《文星》，臺北：文星書店，1963 年 7 月，頁 7-19。

始算起，中間經過李敖的〈老年人與棒子〉，到胡適演說〈科學發展所需要
的社會改革〉與徐復觀的〈中國人的恥辱東方人的恥辱〉和為李敖的〈播
種者胡適〉所頌讚，從而引出鄭學稼的的〈小心求證「播種者胡適」的大
膽假設〉和胡秋原的〈超越傳統派西化派俄化派前進〉，引發中西文化論戰。

　　最後，中西文化論戰鬧到雙方以誹謗罪互控於法庭，歷時 21 個月。中
西文化論戰繼承了胡適的自由風格，以及全盤西化的理念，是《自由中國》
受挫後黨外雜誌場域稍微萎縮的時期，而在《文星》時期的短暫休息後，
黨外雜誌的自由思潮便又再度風起雲湧起來。可以注意的是蕭孟能的父親
為蕭同茲[88]，在黨外場域的空間裡，蕭同茲的身分卻是黨內，而蕭孟能則
是黨外雜誌的編輯。在這個場域中兩者之間的位置有所重合，可能因此也
讓這份黨外雜誌的批判時政性不如《自由中國》那樣猛烈。

三、地平線詩選的浪漫派開展

　　蕭瓊瑞在一篇探討中國美術現代化運動德文章中認為，臺灣的文化界
包括繪畫在內真正的批判精神，大概是在 1961 至 1962 年之間才有比較明
顯的展現。蕭瓊瑞認為 1961 年由於政大教授王洪鈞發表在《自由青年》的
〈如何使青年接上這一棒〉一文，引發李敖在《文星》上一系列討論世代
交替與中西文化批判的文章。李敖這一系列向前輩挑戰的文章，也造就了

---

[88] 蕭孟能的父親蕭同茲當時是國民黨黨國元老，深受蔣中正器重，因此於《文星》發表的作家在
蕭氏父子的保護下，得以在論戰期間保有「不受言論管制」的特權。這是李敖早期一個重要的
成長因素。而蕭孟能慧眼識人，又具財勢和社會關係，以及和國民黨顯要友好的家庭背景，也
提拔造就一些年輕知識分子。然而，《文星》提供的論戰場域，實際可能是蕭孟能在幕後主導，
因此，引起如此大的風波的人，和場域領導著蕭孟能有密切的關係，而加入論戰者如居浩然、
李敖、胡秋原、徐復觀等人，都與蕭孟能交好。《文星》時期，蕭孟能和李敖為黨外雜誌中的
重要領導者。

李敖個人英雄式的媒體形象，代表臺灣走向一種較具批判的文化世代。[89]當時的文化界和知識分子階層，多少具有世代交替的意味。此外，呂正惠在討論余光中的詩作時，曾敘述戰後三十多年來的臺灣詩人，最大的不幸是這些詩人所面對的是拋棄掉中國傳統的時代，而且是還是除舊時代裡最嚴重的一個。

呂正惠認為這個時期的詩人被迫與中國傳統割斷關係，第一個是古典中國的大傳統與五四新文學的小傳統，這使臺灣詩人長久以來古典文學分離，也逐漸與現代中國脫節。在這個歷史過程當中，呂正惠認為在五四時代表現為知識分子對古典中國文化的棄守，而在臺灣則是知識分子對古典中國的全無知識但卻渾然不覺。[90]顯然，部分的評論家仍對臺灣詩人的期待有所不同。當時的現代詩壇也面臨走向本土化或接續中國傳統的歧路。

雖然 1960 年代被視為是臺灣文學現代主義大行其道的年代，但在《文星》中則沒有這樣鮮明的現象。包括余光中、夏菁、黃用、張秀亞、瘂弦、洛夫、陳錦標、辛鬱、向明、羅門、敻虹、葉珊、蓉子、吳望堯等人，都在地平線詩選大放異彩。值得注意的是，這時期在《文星》的地平線詩選，短期發表過詩作的詩人，雖然在日後各自發展成不同的風格，有些堅持浪漫主義，有些走向女性閨閣詩，有些成為超現實主義的重要角色，但在《文星》的地平線詩選時期，顯然都在以寫實主義的主要精神，而以浪漫派為主要的表現手法，展現在當時與現代主義文學不同的風格。

---

[89] 蕭瓊瑞，《五月與東方：中國美術現代化運動在戰後臺灣之發展（1945-1970）》，臺北：東大圖書，1991 年，頁 117。

[90] 呂正惠，〈余光中小論〉，《文學經典與文化認同》，臺北：九歌，1995 年，頁 208。

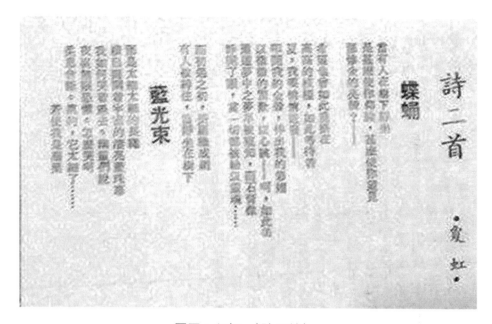

圖四：夐虹，〈詩二首〉。

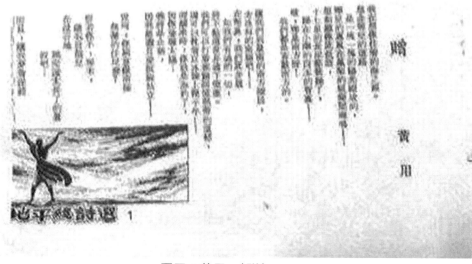

圖五：黃用，〈贈〉。

四、文星詩選的鄉愁美學

　　呂正惠特別提出余光中了解詩人不能沒有歷史，詩人不能作為另一文化的移民。由於余光中的反省，於是其同時發現了古典中國和現代中國的兩種元素。不過，呂正惠認為余光中仍然無法完全體會中國文化，也不能將之轉化至詩中。[91]而若將時間拉長一點，來到戒嚴時代末期的復刊號《文星》，余光中和臺灣現代詩人在情境轉變下，情況是否會有所不同？首先，復刊後的《文星》，已經找不到余光中發表的身影，其次也發展出關注中國當代詩人、重視女詩人與發展小詩運動的情況。在大陸詩選方面，復刊號《文星》刊載了數位中國當代重要詩人的作品，例如舒婷的〈雙桅船〉、〈思念〉、〈春夜〉；北島的〈明天，不〉、〈宣告──獻給遇羅克〉；顧城的〈來臨〉、〈生命幻想曲〉、〈淨土〉。雖然刊載中國現代詩，可能與逐漸開放交流有關。但從文本來看，仍是浪漫派的風格。復刊號《文星》為張香華所主編，可能選刊方面，多少與張香華本身的風格有關係。也或者，《文星》雖然刊載中國現代詩，但仍保有雜誌自身的浪漫派風格傳統。

　　在重視女詩人方面，《文星》刊登了不少女性詩人的作品，更在《文星》即將走入告別歷史的前三期，第 117 期開闢了一期的「女詩人專號」。雖然《文星》的聲勢已大不如前，財務方面也發生部分的問題，但仍然持續刊登現代詩。這一期的女性專欄，有曉綱〈超女性〉、夐虹〈只有晚風與空無〉、胡品清〈感嘆語〉、朵思〈竊犯〉、席慕蓉〈關於「美」以及「美學」〉、謝佳樺〈冬季大拍賣〉、蓉子〈變異的月亮〉、萬志為〈設計〉、夏宇〈我們苦難的馬戲班〉、白雨〈她的池塘〉等。可能是進入 1980 年代末期，也接近 1990 年代的關係，這些女深人詩作雖然仍屬於浪漫派，但表現手法卻相當成熟，部分議題也相當前衛。拋棄掉中國傳統文化的現代詩，可能在內容

---

[91] 呂正惠，〈余光中小論〉，《文學經典與文化認同》，臺北：九歌，1995 年，頁 208。

和議題上能更加自在的揮灑。

　　「星星小詩」專欄出現過九次，雖然數量不多，篇幅不大，卻別具意義。小詩運動在臺灣現代詩史上，可以算是較為晚近的運動。1980 年代羅青曾提倡小詩運動，最近十多年（2000 年後）詩人白靈也提倡現代詩應以小詩為主流。復刊號《文星》在 1980 年代末期，顯然也呼應了詩壇的脈動。

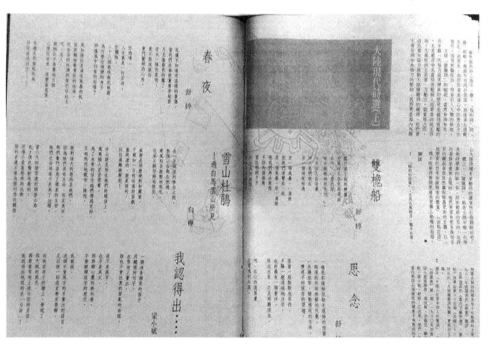

圖六：大陸現代詩選（上）。

圖七：女詩人專號。

第四章　民主運動的濫觴與開展

　　在臺灣的 1980 年代，《八十年代》可以說是最具影響力的黨外雜誌之一，並且持續在黨外雜誌場域中保有重要的地位。目前學界對《八十年代》系列的研究較少，特別在解嚴之後《八十年代》的相關研究卻沒有因為本土化和政黨輪替而掀起熱潮。另一方面，1979 年《美麗島》雜誌成立，發行人為黃信介，社長為許信良，總編輯為張俊宏，副社長為呂秀蓮與黃天福，總經理為施明德。

　　《美麗島》以社務委員的形式組成，幾乎集合了當時所有重要的黨外人士，因此具有政黨組織的初步規模。《美麗島》雖然短壽，卻也被視為黨外運動與組黨的重要刊物。又由於美麗島事件的爆發，在黨外雜誌場域之中，鋒芒畢露。《美麗島》主要以群眾路線來面對政府的壓迫，並在一連串的街頭運動之中，造成多次政府與支持民眾的對立，在爆發「美麗島事件」後，美麗島集團核心人物如張俊宏、姚嘉文、林義雄等人因此被捕入獄，而「美麗島政團」則在此中旋啟旋止。

　　雖然過去學界談論《美麗島》時，都把焦點集中在「美麗島事件」上，《美麗島》雜誌本身的內容與風格反而容易被忽略，這是由於美麗島事件，以及其後所引發的辯護律師團、林義雄事件等，在媒體的關注下讓街頭運動勝過雜誌的風采。但以《美麗島》雜誌的內容而言，由於對黨外活動與精神的辛辣報導，以及對臺灣各方面問題的探討，都一再的吸引著讀者目光，加上各地成立服務處的舉動，以及舉辦活動的熱烈、群眾熱情參與的情況來看等，易使國民黨對《美麗島》產生不安與懷疑，「美麗島事件」爆發後，導致《美麗島》停刊。但也因此，《美麗島》以及其核心重要領導人物，黃信介、許信良、張俊宏、呂秀蓮、黃天福、施明德等，都成為黨外

雜誌場域中此一時期的領導群。《八十年代》和《美麗島》都相當重視選舉，可見這時期的選舉議題，是黨外人士關切的重心。這顯示《八十年代》和《美麗島》的運動者，不只是單純的衝撞體制，也改革體制，嘗試進入體制改變體制。在戒嚴時代的極權政府運作下，選舉可能充滿種種不公平、不公開與不公正的過程。黨外雜誌場域中領導群的自由意識高漲，因此在面對時政與選舉時，便有高度的興趣，也因為對選舉的熱衷，種下臺灣民主主義深化基礎。

一、《八十年代》與《美麗島》的萌與猝

　　戒嚴時代由於政府嚴密管制各種媒體，黨外運動者表達意見的發聲管道極其有限，因此多數選擇限制相對較少，並且可自行管控印刷的雜誌作為傳播管道。在美麗島事件之後，黨外雜誌這個場域成為結合黨外人士與支持者的空間，透過黨外雜誌傳播黨外運動的訊息與主張，形成這個場域最大的變遷。隨著黨外運動的不斷推動，黨外雜誌本身也因而有所變遷。

　　在中壢事件之後[1]，黨外運動的聲名大噪，而黨外也成為「反對」運動的代名詞。[2]在早期的《自由中國》，胡適對於黨外組黨一度建議排除「反對黨」這樣的詞彙，但在《美麗島》與《八十年代》時，「反對」意識已經成為黨外的一種志業。而中壢事件的發生，也讓黨外民主運動者，理解社會群眾的力量是能夠改變政局的，因此如何讓支持群眾成為黨外運動的後盾，是當時黨外圈中的一大重點。

---

[1] 中壢事件有可能是使臺灣人成為政治積極分子的關鍵，並形成反對運動裡刊物與選舉政治的新力量。而且中壢事件促使當時所稱的外省籍第二代加入反對運動陣容，重要性與影響可見一斑。詳見田弘茂著，丁連財、李晴暉譯，《大轉型──中華民國的政治和社會變遷》，臺北：時報，1988 年，頁 121。

[2] 1979 年 5 月 31 日《黨外文選》被查禁，在黃信介召集下黨外人士組成「臺灣黨外民意代表聯合辦事處」以對抗國民黨。美麗島雜誌社掛牌成立的同時，則組成黨外候選人聯誼會，提供各地黨外交誼與聯絡的場所，黨外總部隱然成立。

　　直至 1979 年《美麗島》與《八十年代》等兩份雜誌先後出現，在 1979
年至 1986 年之間的黨外雜誌有如雨後春筍般出現，而《美麗島》與《八十
年代》能夠成為這個場域中的領導者，有其歷史的重要意義。因此，本文
將以《八十年代》系列、《美麗島》為中心進行探討。《八十年代》系列為
黨外雜誌場域中相對溫和派保守批評路線代表，而《美麗島》則為黨外主
張群眾運動者。由於黨外雜誌經常被停刊、查禁之故，許多黨外雜誌社都
以更改雜誌名稱，但編輯人員與刊物取向不變的方式因應。因此同個刊物
可能會有數個名稱，或一家出版社同時出版兩種以上的出版品，但其內容
與風格則大致相同。

　　1979 年黨外立委康寧祥結合醫師陳永興、大專院校學者、社會青年，
著手籌畫創辦一份政論雜誌。1979 年 6 月初，《八十年代》雜誌在這個背
景下創刊。《八十年代》由康寧祥任發行人兼社長，由當時具有自由主義傾
向的記者司馬文武（即江春男）擔任總編輯。陳永興則結合大學裡的學者
教授擔任撰稿人，參與編輯工作的人，多屬年輕一代。[3]

　　1979 年美麗島雜誌社向新聞局提出申請，原登記名稱為「聖國」，因
新聞局認為名字不妥，要求改名，連三次改為「臺灣風雲」、「風雲」、「美
島」，均未獲准。[4]最後由周清玉提議用「美麗島」之名，終於申請成功。
1979 年 8 月 16 日《美麗島》發行創刊號，雜誌社的工作人員重要黨外人
士，包括發行人黃信介、發行管理人林義雄與姚嘉文，社長許信良，副社
長黃天福[5]與呂秀蓮、總編輯張俊宏、總經理施明德。[6] 雖然《美麗島》雜

---

[3] 包括有：康文雄、史非非（即范巽綠）、林進輝、杭之（即陳忠信）、周渝、李筱峰、林濁水、
林世煜等人。

[4] 「臺灣風雲」、「風雲」被新聞局含有作風作雨的意思。「美島」被認為有美國之島、倒念也有
倒楣的意思。

[5] 黃天福後來接替許信良任代理社長。

[6] 《八十年代》聚集了眾多重要的黨外運動人士。編輯群主要有：王拓、呂秀蓮、吳朗哲、林義
雄、施明德、姚嘉文、許信良、陳忠信、陳博文、黃天福、黃煌雄、楊青矗、謝三升、謝秀朗、
魏廷朝、蘇慶黎等人。在社務委員方面，則有：方天寶、王拓、王俊貴、王淑英、王燈岸、包
亦洪、田朝明、呂秀蓮、何文振、何春木、余陳月瑛、李友禮、李豐隆、林文郎、林景元、林

誌成員眾多，但核心人物與主要決策者是擔任美麗島基金管理委員會的委員呂秀蓮、林義雄、施明德、姚嘉文、許信良、張俊宏、張德銘、黃天福、黃信介等八人。

　　同樣的，《美麗島》的編輯群、撰稿人與社務委員遍及全國，幾乎網羅當時重要黨外人士，因此《美麗島》所散播的言論代表了當時黨外運動者的精神，是具代表性的黨外政論刊物。我們從雜誌編輯取向可看出《美麗島》似乎刻意突出「黨外」的意義，從雜誌社的工作人員到執筆撰稿的作者都有不少的黨外人士參與。數十位社務委員的名單，都清楚的列在雜誌的封底，有向當局挑戰的意味，《美麗島》也有意藉此壯大黨外的聲勢。首先，《美麗島》編輯群以雜誌社為聯絡中心串連黨外人士，並在各地成立服務處。接著，又以雜誌作為黨外的言論場域，以此場域和國民黨進行抗衡。因《美麗島》的文章不但觸及憲政問題，並且大幅報導黨外運動者的活動，因此創刊號發行後便受到執政當局的壓制。從中泰賓館事件開始，政府當局便對《美麗島》密切的監察，在發現《美麗島》各地的服務處一一成立後，使戒嚴政權終於展開行動，最後發生影響臺灣政局多年的「美麗島事件」，而發行四期[7]的《美麗島》雜誌也因主要社務委員被捕入獄，並於 1979年 12 月停刊。

　　《美麗島》僅發行四期就告停刊，《八十年代》則斷斷續續維持了近八年之久，兩份刊物代表了黨外運動的兩種不同抗爭路線。《美麗島》主張群眾運動、《八十年代》主張議會路線。「美麗島事件」之後康寧祥的主張受

義雄、樂善、孟祥柯、邱茂男、邱連輝、吳仁甫、吳朗哲、吳博忠、周平德、周滄淵、洪照男、紀萬生、施明德、姚嘉文、范政祐、高鈴鴻、郭朝森、孫正志、康水木、康寧祥、許世賢、許信良、許哲男、許榮淑、陳金德、陳武勳、陳ībíl山、陳喜同、陳婉真、陳菊、陳鼓應、陳博文、陳進炮、陳鴻毅、黃天福、黃友仁、黃玉嬌、黃信介、黃重光、黃順興、黃煌雄、黃蘗、黃耀輝、曾心儀、張火源、張宜宜、張春男、張俊宏、張瑞瑛、張德銘、傅文政、趙綉娃、楊青矗、楊逵、鄭勝助、劉峰松、蔡介雄、蔡昔、廖銘義、謝科、謝三升、謝土枝、簡錦益、蘇洪月嬌、蘇洽星、蘇秋鎮等人。眾多的黨外人士參與，使得《八十年代》在黨外雜誌場域中，有重要的領導位置。

7　另有一說有五期，但經筆者尋找，只獲得四期內容。

到部分黨外運動者的質疑,但康寧祥的穩健溫和較受到戒嚴政府的認可,因此使得康寧祥有機會領導黨外運動並重新出發。在康寧祥的主導下,《八十年代》在 1980 年代成為黨外雜誌場域裡最重要的刊物之一。

二、《八十年代》的政治論述

《八十年代》和《美麗島》均為臺灣黨外運動的重要刊物,兩者間雖有競爭,但同時也具有聲氣互通的關係。在美麗島事件爆發之後,《八十年代》也被處以停刊一年的處分,而《八十年代》便以《亞洲人》的身分繼續發刊。然而,無論如何改變刊物名稱,在戒嚴時期《八十年代》仍不斷受到政府的查禁停刊。在《八十年代》遭到查禁個過程中,仍以《亞洲人》、《暖流》、《八十年代之亞洲人》等刊物名稱繼續出版。

圖八:《八十年代》、《亞洲人》、《暖流》。

《八十年代》系列在自由議題方面,除了少數專文探討政治、經濟與社會問題,其餘的內容則多以封面故事、新聞內幕、官員動態、議會新聞、黨外花絮消息等 項目為訴求。在當時,選舉為裙求政治自由的重要手段。從《八十年代》系列的內容來看,與黨外有關的系列報導中,選舉是相當重要的主題。從 1981 年至 1985 年只要有舉行選舉,《八十年代》系列便會陸續推出相關的報導,從選舉前黨外選情分析、黨外後援會的成立與提

名，到選後的種種檢討，都以選舉為核心，這與後來的《自由年代》、《婦
女新知》頗為相似。由此可知黨外雜誌重視選舉，並視選舉為黨外反對運
動的重要環節。

(一) 康寧祥色彩

而雜誌的領導者對刊物具有一定的影響力，所以在某種程度上也會影
響刊物的走向。就《八十年代》而言，有關康寧祥的內文遍不斷出現在《八
十年代》刊物裡，使《八十年代》具有鮮明的康寧祥色彩。

刊物除了受到編輯群的影響外，市場需求則是另一種影響刊物的變
數。雖然《八十年代》總編輯司馬文武曾嘗試將《八十年代》塑造成有論
政理想的黨外刊物，但《八十年代》在市場競爭下，於 1984 年 3 月以《八
十年代》叢書復刊時，便加入了「封面故事」、「內幕報導」、「頭條新聞」
等項，以刺激銷售量。而第 33 期之後的《八十年代》，陸續有「國民黨學」
與「內幕報導」等專欄，整體的走向便和早期的風格有某些差異。此外，《八
十年代》同時培養了黨外新生代的自由意識和編輯能力，目前重要的政壇
人士與政治評論家，許多都出身於《八十年代》。[8]而這些人有的成為《八
十年代》系列的固定班底，亦有人不久之後便到其他的黨外雜誌任職，總
而言之《八十年代》當時培養出許多具影響力的黨外新生代。

《八十年代》系列的言論較其他黨外雜誌保守，但並不代表畏懼當局，
而是基對政治現實的了解，尋找最有利的發聲方式。《八十年代》系列的思
潮和社會緊密結合，包括以全民政治和福利國家為核心，舉凡國內談勞工、
農業、經濟、漁業、社會問題、人權問題，包括黨內刊物本身在內，都是
重要的議題。此外，《八十年代》系列除了實證主義外，還強調意識型態，
也繼承了《自由中國》的精神，例如《八十年代》雜誌社便曾於 1979 年
整編出版《自由中國》政論選集。

---

[8] 例如周渝、陳忠信、范巽綠、 陳永興、林進輝、康文雄、李筱峰、林世煜、林濁水等人，都
曾是《八十年代》系列的一員。

　　八十年代雜誌社將出版的《自由中國》政論選集，分為地方自治與選
舉、司法獨立、言論自由、反對黨問題等四大議題[9]，可見康寧祥等人是個
比較有長期 觀點的政治人物，相當重視 1950 年代《自由中國》的自由主
義言論精神。[10]在《八十年代》系列刊物發行期間，雖然已經有蓬勃的「黨
外候選人聯誼會」一類的政 團活動，但黨外其他雜誌頻因觸犯禁忌遭停
刊，而《八十年代》系列刊物由於言 論較溫和穩健，所以發行時間比大多
數黨外雜誌還長。《八十年代》這份雜誌擔負著反應黨外動態、爭取言論自
由、批判國民黨統治，以及試探組黨可能的多重功能。此外，與《自由中
國》相較下，《八十年代》的本土關懷是早年《自由中國》所缺乏的面向，
例如紀念蔣渭水議題、批評語言政策等。

　　《八十年代》自創刊起，每期皆固定有「本期主題」或「專載」等專
欄，內容廣及國民黨學、兩岸關係、國際要聞、人權關懷、黨外動態、內
幕報導等等。有時「本期主題」或「專載」會被「特別報導」、「頭條新聞」、
「獨家新聞」取代，每逢選舉時的選舉話題則為當期最大重點，這是自《臺
灣政論》之後的黨外雜誌最大的共同點，也是《臺灣政論》對黨外雜誌及
黨外運動最大的影響之一。《八十年代》與其他黨外雜誌相較，明顯較著重
於對國際情勢的分析， 例如在 1981 年和 1982 年時，曾連續多期探討「波
蘭問題」，如：〈波蘭英雄華勒沙訪問記〉、〈波蘭民主列車〉、〈波蘭危機
——蘇俄侵略的代價和公算〉、〈波蘭團結工聯的目標——訪問馬索比斯
基〉、〈找尋新生——歐洲的現狀與未來動向〉、〈在臺灣看波蘭〉、〈波蘭副
總理談戒嚴有理〉、〈我們沒有虧待華勒沙〉等，其中有些是訪稿、有些是
翻譯文章，也有國內學者的座談或文章，類型相當多元化，文章篇數也很
多，足見它對這個問題的重視，這與以臺灣國內政治、社會問題為主的其

---

[9] 詳見馮建三，〈政論雜誌讀者型態的比較分析〉，臺北：國立政治大學新聞學研究所碩士論文，
　　1983 年。

[10] 詳見洪春柳，〈中美斷交後國內政論內容分析：《黃河》、《中國論壇》、《八十年代》分析比較〉，
　　臺北：中國文化大學政治學研究所碩士論文，1983 年。

他黨外 雜誌，有較明顯的差異

　　總體而言，《八十年代》系列雜誌的內容相當有彈性，雖是政治色彩明顯的黨外雜誌，但為了吸引讀者的青睞，也會不時增加具吸引力的內容以爭取各個階層的支持者。經過本文的探討發現，大多數黨外雜誌裡的文章，其實討論的主題 並不侷限於黨外，其他方面如批判國民黨官員、人權、臺灣史、選舉、議會，以及經濟、環保、勞工、弱勢團體等社會議題，另外還有時事如「江南案」、「王昇事件」、「黨外立委『倒俞』事件」等，都是《八十年代》及其他黨外雜誌喜歡 刊載的文章。多方面的主題，可以滿足不同背景、不同階層讀者的閱讀需求，這也是當時黨外雜誌共同作風。

　　早期《八十年代》系列相較於其他黨外雜誌，更有國際觀，視野寬廣且探討 議題及關注焦點相當多元，並非將重心完全擺在國內政治議題，也花費相當篇幅 在經濟、社會問題，及國際焦點、文學思想、人權關懷等方面；以週刊發行之後的《八十年代》系列，雖不可避免的轉型成新聞週刊，使內容走向與其他黨外雜誌差異不大，常以國民黨高層內幕焦點及批評時政為主，但始終不曾忽略國際議題，並持續舉辦座談會，廣納各方意見；另外，晚期言論風格明顯比較尖銳，對國民黨高官或蔣家的批評，常過於刻薄且語帶諷刺，或出現情緒性字眼攻擊，部分主張（如組黨議題）也隨時空不同而改變，與早期溫和派風格有顯著差異。

　　上述改變利弊皆有，優點是《八十年代》系列一直跟隨時代潮流變化，文稿取向、中心言 論及整體作風會適度調整，缺點是以週刊發行之後逐漸喪失原有特色，表現遠不如月刊時期出色。黨外雜誌中主要編輯群的影響力，尤其是發行人個人色彩，常左右這份雜誌給人的觀感，這部分以《八十年代》系列可作為最典型的例子。《八十年代》系列自創刊號起，即常有康寧祥的文章，舉辦座談會時，康寧祥的發言更是會議中的重點，每當發生重大事件，例如黨外四人行訪美、康寧祥落選等，《八十年代》系列更不吝以專載方式報導，將之視為當期首要關注焦點，其他刊物（尤其是國際性刊物，如《紐約郵報》、《朝日新聞》等）專訪康寧祥時，《八十年代》系

列亦刊載全文。雜誌也曾刊載康氏在議會殿堂上的重要發言，尤以憲政相關議題為最，康寧祥落選後雜誌也不定期報導康氏最新動態，讓讀者能持續獲得康寧祥消息。總之，《八十年代》系列從創刊到結束，始終充滿康寧祥個人色彩，使其他黨外雜誌的「批康寧祥」與《八十年代》系列雜誌連結。對黨內外人士而言，康寧祥言行幾與《八十年代》系列劃上等號，而這密不可分的關係，雖曾使康寧祥一度成為黨外雜誌場域的領導者，卻也曾使其成為新生代批判的眾矢之的。此外，雖然康寧祥與《八十年代》系列被歸類於溫和穩健風格的體制內議會路線，但《八十年代》仍堅持追求民主自由、臺灣本土化，立場鮮明。《八十年代》系列自成立以來，從不排斥任何黨外運動人士分子，遭受批評也未曾回應，屬於相對溫和的自由場域。

(二) 自由論述

　　雖然，《八十年代》與《美麗島》比較之下，可以算是走溫和路線的黨外雜誌，但由於《八十年代》與《美麗島》都受到《臺灣政論》的影響，本質上還是有許多類近之處。特別是政治論述方面，顯然都昭揭許多政府的真實面，導致官方利用國家機器展開壓迫的手段。例如《八十年代》1983年3月的月刊第32期，便在工廠中遭到政府人員的扣查。1983年的4月3日遭到臺北新聞停刊一年的處分，而停刊的理由，市政府新聞處則指是由於當時在印刷工廠被查扣的第32期中有〈美國重估中共政策〉與〈美國的臺灣政策〉二篇文章，內容有「或為共匪偽政權辯護宣揚，或散布我處境孤立之悲觀論調」的情況。[11]雖然《八十年代》是指出臺灣政治的現實情況，卻因與政府希望在宣傳上擦脂抹粉的立場違背，產生不小的摩擦。

---

[11] 胡啟明的訪問中則指出，也可能是1983年的第32期中，「臺北話題」專欄中提到〈二二八的夢魘〉，以及謝善元的〈論臺灣政局的三大問題〉一文，內文敘述國民黨黨內的接班人問題，令官方派出查扣人員進行全面沒收的動作。胡啟明訪問：〈八十年代雜誌社對「查扣事件」的說明〉，《民主人》第5期，1983年4月1日，頁28-29。

　　此外，《八十年代》的半月刊第 4 期，於 1984 年 5 月 3 日又遭到警察總部爸動作的查扣，這次《八十年代》被官方沒收的雜誌超過 1 萬 2 千本。警察總部查禁查扣這一期《八十年代》的原因，是因為這一期的內容刊登了美國記者陸鏗的〈許信良訪問記〉，因此有「違背反共政策，挑撥政府與人民間感情，並為叛亂通緝犯許信良作有利宣傳」[12] 的嫌疑。而自 1984 年 7 月 11 日起開始，半月刊的《八十年代》第 8 期，收到停刊一年的處分[13]，都是源於政治問題。

　　殷海光除了在《自由中國》、《文星》有發表文章之外，在《八十年代》裡也偶見文章刊登。《八十年代》也出版了《自由中國》選集，顯示在黨外雜誌場域中，相互影響與精神繼承的關係。《八十年代》的第 1 卷第 2 期，便刊有編輯部所撰的〈自由主義者的精神堡壘——「自由中國」選集總序〉。

　　《八十年代》的第一卷前半段時期，主要集中在言論自由議題和自由理論。在言論自由方面，有老傑〈自由豈可空談？朋友起可亂交？〉、沈光華〈破壞學術自由的禁書政策〉、倪東強〈新偽經通考——禁書政策下的出版界怪現象〉、陳思瑩〈違反潮流的報禁〉、李南衡〈日據時代臺灣的言論自由〉、司馬文武〈開發中國家的言論自由〉、廖詠園〈結社自由不容侵犯——有感於邱創煥部長的談話〉；在自由理論方面，例如有呂亞力的〈民主的理論與實踐（上）〉、〈民主的理論與實踐（下）〉。第一卷後半段時期，除了持續關注言論自由議題外，也關注教育問題和禁書問題。在言論自由方面，有費希平的〈論言論自由〉、楊思蓞〈偶像崇拜與思想自由〉、方崇人〈言論、出版——表現的自由〉等，此外尚有歐陽教〈學生自由權是什麼〉、方以文〈民主法治的養成教育〉、趙天儀〈高等教育與民主精神〉、劉福增〈我們需要民主的大學系統〉、辛杭〈誰在破壞民主教育？〉等；禁書問題有余素華〈目無憲法的禁書政策〉、陳北秋〈禁書大觀〉等。

---

12 本刊，〈大城小調——臺北：警總豐收，雜誌遭殃〉，《前進世界》第 11 期，頁 46。

13 〈八十年代被停刊一年！〉，《八十年代》（叢書）總號第 40 期，1984 年 7 月 15 日，封底。

　　在第 2 卷之後，《八十年代》仍然重視民主法治、國會改革。在民主政
治方面，殷海光在第 2 卷第 2 期發表〈民主是可以走得通的一條路——看
臺灣這次的補選〉一文，敘述選舉能夠進入體制將政府體制改革為民主政
體，雖不免憂慮但仍具有一定的信心。關於國會的改革，有本刊專欄組〈全
面檢討國會危機〉、張明義〈苦澀的六十年代政治改革〉、卓臺生〈法統不
再是禁忌——記一場有歷史意義的辯論〉、朱一明〈歷年來改革國會的各種
聲音〉、胡志成〈法統不死，只是逐漸凋零〉、陳季安〈儘速改造國會結構〉、
〈官兵捉強盜——政治家查扣事件記實〉。可見在當時，對於國會問題叢生
的現象，黨外運動者早已心生眾多不滿。

三、《美麗島》的民主論述

　　《美麗島》能在短時間內引起討論，並吸引眾多的黨外人士參與，這
和領導群的「五人小組」[14]有很重要的關係。「五人小組」不僅總理雜誌社
務，同時也是成立美麗島各地分社的關鍵，並藉由各地分社舉行活動，迅
速擴展知名度。除了雜誌社本身的活動受到矚目外，雜誌本身也具有特色。
《美麗島》在內容上包含政治、財經、社會等各層面，並介紹臺灣的歷史
人物，也將臺灣史的探討納入探討範圍之中。另外，若以文章的主題來分，
《美麗島》可分為言論自由、民主憲政、法治人權、時事評論、地方自治、
國際政情、財政經濟、勞工問題等議題。而在這些議題之外，有關黨外的
報導也佔有相當大的比例。《美麗島》在報導黨外的部分，則又可分成黨外
公職人員的質詢稿與草案、黨外人士介紹、活動報導、共同聲明、黨外大
事記等項。例如《美麗島》在第一期就刊載有關於「潮流事件」、「七二八
臺中事件」以及「中山堂事件」的相關經過。這些報導在官方媒體不易被
披露，並且就黨外的立場而言，並不全然是事實，因而以「黨外的機關刊

---

[14] 五人小組指黃信介、許信良、姚嘉文、張俊宏、施明德。

物」自許的《美麗島》，就刊載這些事件的原委，呈現不同於官方媒體的黨外觀點。

(一) 自由議題

　　《美麗島》是黨外雜誌場域中的特例，儘管出刊的期數少，發行的時間短，但卻聚集為數龐大的黨外運動者。目前所知的《美麗島》僅有四期，雜誌內文中的自由意識主要以民主政治的各種批判為展現方式。例如在四期之中便有〈民主萬歲〉、〈以更多的民主來防止民主的流弊──寄望制定公正無私的選舉罷免法〉、〈由出版法談到委任命令及自由裁量〉、〈我們決心為言論自由奮鬥到底── 對當局一再濫權查禁書刊的抗議〉、〈民主、法治與合法性危機〉、〈劫後吐真言──「八、七牢災」述感〉、〈沒有改革就沒有前途──雙十國慶感言〉、〈讓我們來打破各種神話──和金耀基討論民主政治〉、〈臺灣民主運動劃時代的一天──黨外人士為余登發案遊行抗〉等文，以報導黨外運動的方式進行自由民主理想的闡述。

　　由《美麗島》雜誌各期內容來看，同時不難看出對黨外活動記載的詳細程度，創刊號起即有大篇幅的「黨外報導」，之後每期固定有詳盡的「黨外本月記事」，記載個別黨外人士的主張或近期發言，也記載黨外候選人聯誼會消息及全國各地的黨外活動；第四期起，新增「本社各服務處動態」專欄，以記載雜誌在北中南各地服務處舉辦的活動。[15]活動類型包括晚會、開幕茶會、座談會及演講，相當多樣化，而範圍不僅廣及全臺，也在海外設置據點，並不定期舉辦活動。

---

[15] 這些活動包括有：1、屏東服務處於唐榮國小大禮堂舉辦「美麗島之夜」慶祝晚會；2、各地開幕茶會：臺中服務處於全安大飯店前廣場舉辦、南投服務處於南投鎮國賓戲院舉辦、雲林服務處於虎尾鎮民宅舉辦；3、座談會：高雄服務處於 10 月 31 日舉辦勞工問題座談會，又於 11 月 17 日下午舉辦青年座談會、屏東服務處與《春風》雜誌社於 1979 年 11 月 7 日合辦「農村問題座談會」；4、演講：高雄服務處於 10 月 20 日由姚嘉文主講「民主與法治」、11 月 4 日陳菊主講「在美、日所見、所聞、所思」等。

　　從大量記載黨外人士及黨外活動來看，可以發現以「黨外機關刊物」自稱的 《美麗島》，表現相當積極。與《八十年代》相較，《美麗島》更積極擁抱群眾，並在全國各地設立服務處[16]，並舉辦一系列活動，其中以高屏地 區的活動最多，參與的群眾數目也最多，雜誌社同時也不斷增設服務處據點及推出演講活動，使民眾增加了解黨外主張的管道，以及對雜誌的購買意願。這些積極作法顯示《美麗島》的路線主張，以及吸引群眾的魅力。除了政治事件及黨外報導，《美麗島》也相當重視法治人權、民生問題、農民、勞工等議題。

　　《美麗島》主張走上街頭的群眾運動路線，可從多篇文章看出，例如陳秋德的〈非常局面下，省議員所為何事？——從「十大省議員」選拔談起〉一文中，主張場外活動重於場內表現的議會政治，「有意義、有影響力的基本變革之動力，永遠來 自群眾；覺醒的群眾、積極參與的群眾永遠是政治根本變革的主力。」[17]施明德的〈臺灣民主運動劃時代的一天——黨外人士為余登發案遊行示威抗議記實〉則在內文中敘述 1979 年 1 月 21 日爆發余登發案，黨外人士於第二天日上午在高雄縣橋頭鄉舉行三十年來臺灣首次政治示威遊行。

　　除了主張群眾運動路線外，《美麗島》也多次提出希望當局改革的要求，也以孫中山推翻清帝國為例：「辛亥革命的意義是：舊政權不肯容納改革的要求而 導致改革力量與革命力量合流；武昌起義的教訓是：不能改革，就沒有前途。」[18]以此來要求當局加速改革，暗示執政當局如果不加速改革的進程，可能會發生意外的「歷史重演」。這些言論刺激政府的程度，

---

[16] 例如：基隆市、桃園縣、臺中縣、臺中市、雲林縣、臺南縣、臺南市、高雄市、高雄縣、屏東縣等十縣市已陸續成立美麗島服務處。海外部分在美國密西根州和紐約州設立「全美總經銷處」和「全美聯絡處」。見編輯部，〈「本社」各地「服務 處」陸續成立〉，《美麗島》第 2 期，1979 年 9 月，頁 102-103。

[17] 陳秋德，〈非常局面下，省議員所為何事？——從「十大省議員」選拔談起〉，《美麗島》第 2 期，1979 年 9 月，頁 20-21。

[18] 本社，〈沒有改革就沒有前途——雙十國慶感言〉，《美麗島》第 3 期，1979 年 10 月，頁 6-7。

遠勝於《八十年代》，也不是同時一期其他黨外雜誌能與之較量的。早期的
《自由中國》曾有黨外組黨的呼籲，而在《美麗島》雜誌也出現組黨的討
論，雖然兩者間的出發點略有不同。

　　在《美麗島》中費希平提出七點理由，質詢當時行政院長孫運璿，要
求說明限制組黨是否違憲。而另一個作者秋慟則以孫中山先生提出的政黨
理念，說明民主政治理念在臺灣遭受的三大挫折[19]，雖然，內文並未指明
出組黨主張，但精神是直指當時執政黨不允許開放黨禁，便和孫中山的民
主自由理念背道而馳，因此有暗示早日開放黨禁的意味。因此，1979 年時
的黨外運動者其實已頻頻興起組黨的念頭，但礙於政治現實和諸多限制無
法實現。在美麗島事件後，戒嚴政權更加限縮言論自由，許多重要黨外運
動者被捕入獄，組在野黨的討論也就因此稍微降溫。[20]當然，黨外組黨也
是與政府在政治政策上有所扞格。

　　《八十年代》和《美麗島》內容範圍都不僅限於國內政治方面，對於
經濟層面、農工問題、國際情勢等議題也有相當篇幅，但仔細比較下，《八
十年代》的翻譯文章大多會註明出處或原作者，而《美麗島》通常只寫編
譯者，幾乎未曾提及原作者。從這點可以推知，《美麗島》內容雖然廣泛，
但真正注重的議題顯然是以國內政經問題及黨外為主，另一方面，也可能
是《美麗島》出刊期數過少且早期對著作權方面的要求較少，使《美麗島》
在國際議題的討論上，顯然不及《八十年代》那麼豐富。

(二) 群眾運動

　　《美麗島》雜誌和美麗島黨外運動人士的迅速崛起，雖然讓黨外運動
達到空前的規模，規模也日益盛大，但背後造成的民主聲浪高漲的情勢，
已讓執政者處於高度緊張的情緒之中，終於在一次街頭群眾活動中，爆發

---

[19] 秋慟，〈孫中山先生「政黨」理念的踐行、挫折、復興和實現〉，《美麗島》第 3 期，1979 年 10
　　月，頁 10-13。

[20] 一直要等到 1982 年的《博觀》出刊，組黨議題才再度成為黨外的討論焦點。

「美麗島事件」。而在這次事件中，黨外菁英也在隨後的「美麗島軍法大審」中被捕入獄。美麗島事件不只是政治事件，更是黨外運動的分水嶺，在事件發生之後，黨外運動者的走向與之前已略有不同。

黨外人士為了能形成全臺相互串連的態勢，1978 年 10 月 6 日於國賓飯店舉辦的王拓民主餐會上宣布成立「臺灣黨外人士助選團」總部，並開始黨外初次整 體性的助選活動。主要以各地候選人提出共同政見以十二大政治建設的方式呈現，十二大政治建設內容主要在於提出人權意涵的全面革新，同時也反應意圖打破國民黨戒嚴體制的要求。在這次增額中央民代選舉中，「臺灣黨外人士助選團」不但在言論上有共同政見的提出，選戰策略方面也有競選餐會和競選書籍的推動，更進一步設立聯合助選的核心組織，競選期間掀起的政治熱潮，也為後來黨外的組織化奠定基礎，種種跡象也顯示黨外當時已形成一個團結形象。

《美麗島》雜誌社不僅在國內成立了十三個地方服務處，也在美國、加拿大及日本等地區成立經銷處。而國內服務處之經營情形，以南部地區最為積極，最早設立據點處為高雄縣市，也以南部地區舉辦的活動數量最多，而東部地區及離島的經營較顯不足，除了「美麗島雜誌社高屏澎基金委員會及高雄市、高雄縣和屏東縣服務處」籌設會議提及澎湖外，並無在東部或離島成立任何服務據點。

至於黨外運動重要據點服務處成立的時間，以 1979 年 9 月至 11 月初最為密集，無論國內外大多於此時期成立。《美麗島》雜誌社亦規劃成立更多服務處以拓展黨外在野勢力，但因 12 月發生美麗島事件而告中斷。地方服務處成立前，多先設置「基金管理委員會」，在相互推選出主委及委員後再設置地方服務處，並推選出主任。擔任主要幹部者以當時黨外雜誌場域中的領導者居多，多為《美麗島》雜誌編輯委員，或黨外公職人員，其中較特殊者為謝秀雄及林弘宣，兩人分別是臺南神學院副教授及基督教長老教會牧師，由此可見當時黨外運動者與臺灣長老教會關係之密切。

　　1979 年 7 月 28 日，黨外候選人聯誼會在臺中的聯誼行程遭到治安人員阻止，並發生以鎮暴手段驅散民眾的「臺中事件」。緊接著，《潮流》及《消息》兩份黨外地下報分別於 8 月 7 日及 8 月 27 日被取締。另一方面，黃信介在余登發案後，全國黨外龍頭的地位逐漸穩固，《美麗島》雜誌的發行及政團成立的動機，源自聲援余登發案，黃信介成功組織起黨外運動者，並延續黨外對抗國民黨的契機。而雜誌社成立以後，戒嚴政府對黨外人士的監控行動也更形嚴密。《美麗島》雜誌社雖然才剛成立，但在中泰賓館舉行創刊慶祝酒會時，便發生「中泰賓館事件」，雖然迅速打開了《美麗島》的知名度，然而由於戒嚴時代的教育和社會未開明的關係，當時媒體和社會輿論對於《美麗島》的印象卻是負面多過於正面。國民色彩濃厚的《疾風》雜誌社成員攻擊《美麗島》的相關人員是「賣國賊」、「臺獨分子」，讓《美麗島》一開始便　受到外界誤解，與國民黨間一直存在衝突。

　　黨外發展的過程，由本是非國民黨的政治人物的鬆散結盟，歷經數次選舉後，逐漸形成一種力量，這股力量的結合引起民眾的注意，亦引起執政當局的疑慮，1979 年《美麗島》雜誌社各地服務處遭威脅或攻擊的事件越來越多，國民黨與黨外的衝突隨時都可能全面爆發，最後終於在一次大規模的群眾運動擦槍走火。《美麗島》有如政治磁場吸引了各地黨外的政治菁英，匯成一股有組織力的洪流，《美麗島》對抗國民黨是正面而直接的，已隱然具備政黨雛形，並在各主要縣市部署「網狀」的服務處，從小規模的室內活動進而推展到有組織的街頭群眾運動。國民黨至此已無法再容忍黨外如此尖銳的挑戰，而先以參與聲援余登發父子示威遊行的桃園縣長許信良為目標，以監察院所提彈劾案為名，移送司法院公務員懲戒委員會，並給予休職二年的處理。

　　許信良的休職案再度嚴重的刺激美麗島黨外運動者，使《美麗島》遭受頗深的不滿，而決議採取一致的譴責與對抗行動，簽署了「黨外人士為許信良休職案告海內外同胞書」。事件發展至此，國內政治情勢忽然拉升至水火不容的緊張氣氛，雙方在這種緊繃的氣氛中，「美麗島事件」爆發。

　　1979 年 12 月 9 日發生的鼓山事件為引爆美麗島事件的導火線。[21]
第二天的世界人權日上午，黨外人士在高雄服務處大同路前張貼「為十二
九事件告全國同胞書」，並在高雄展開集會遊行的活動，包括姚嘉文、林義
雄、康寧祥、黃信介等人並上臺演講，由於當場與會的民眾眾多，讓戒嚴
時代下的警方神經緊繃，因此引發了警民衝突，而讓原本的世界人權日紀
念會，演變成美麗島事件。美麗島事件雖然短短一夜便結束，但國民黨後
續卻動作頻頻而未中斷。美麗島事件發生後，執政者便開始運用操控媒體
的黨政力量，刻意把軍警人員受到群眾在被警方攻擊後反擊的畫面突顯報
導，並醜化美麗島黨外運動者是具有暴力傾向和叛國意圖者，以激發社會
大眾的憤慨，並醞釀氣氛讓逮捕的理由正當化。

　　黃信介等人雖然在 1979 年 12 月 12 日召開記者會，發表「美麗島雜誌
社為國際人權日事件告全國同胞書」，國民黨政府仍自 1979 年 12 月 13 日
起開始進行全臺大逮捕行動。在逮捕的行動過程中，總計有百餘位黨外人
士與涉及事件的群眾到案，並在蔣經國總統指揮下懲治範圍縮小至主謀層
次，最後近半數進入司法調查的審訊與判決階段，約有五十多位被判刑入
獄，八名主要被告被列為軍事審判共同被告。1980 年 4 月 18 日「美麗島
軍法大審」結束，軍事法庭認為黃信介等人為達實現臺灣獨立目標，指定
施明德等成立「五人小組」，並運用《美麗島》雜誌散佈臺獨意識，配合製
造群眾運動，有伺機顛覆政府與奪取政權的事實。

　　軍法大審後，警總軍事法庭裁定八名被告觸犯戒嚴法中「懲治叛亂條
例第二 條第一款」，因「聚眾暴力脅迫觸犯陸海空軍刑法第 72 條」，並因
公開集會，「以暴力脅迫公務人員阻止執行公務，煽動群眾暴亂，唆使暴徒
攻擊治安人員，觸犯刑法 136 條。」八人的罪刑分別是：施明德無期徒刑、
黃信介 14 年，姚嘉文、陳菊、呂秀蓮、張俊宏、林義雄、林弘宣分別是 12

---

[21] 由於政府獲報黨外運動者即將舉行遊行活動，因此在 1979 年 12 月 9 日人權遊行日前一天，官
方緊急利用電視宣布將於高雄舉行冬令宵禁演習，以避免妨礙交通與社會秩序為理由，將第二
日禁止任何示威遊行活動，實際上則是針對《美麗島》可能舉辦的遊行活動進行監控，高雄市
警察局並以優勢的警力包圍《美麗島》雜誌高雄市服務處，阻擋其宣傳車進行遊行活動的宣傳。

年。整個美麗島事件經由媒體大幅報導，引起國內外的媒體注意。

美麗島事件發生的當天，剛好是國民黨四中全會揭幕之刻，蔣經國在閉幕前的談話 指出「絕對不會在執政期間實施軍事統治」。然而，美麗島事件剛結束不久，在軍法大審期間又發生震驚社會的「林宅血案」。在這一波的政治與社會活動中， 許多重要黨外人士被捕入獄，也使黨外中堅分子大量失血，黨外運動和雜誌活動受到震撼與恐懼。在美麗到事件後的幾年，黨外運動在不安中等待重新出發的契機，並從歷次的選舉活動逐漸尋回信心。

雖然美麗島事件使黨外運動者的元氣大傷，黨外雜誌場域也受到，但也凝聚成另一股黨外力量，參與的辯護律師及受刑人家屬成為黨外運動的接棒者，於 1980 年國民政府恢復選舉後，加入選舉行列，在政見上無不以美麗島事件訴諸群眾，然後紛紛高票當選。前者如方素敏、黃天福、許榮淑、周清玉等當選 1980 年底的增額國代，後者如江鵬堅、尤清、謝長廷、陳水扁、蘇貞昌等當選 1981 年的臺北市議員及省議員，這些人也在日後逐漸成為黨外的核心。另外，黨外雜誌在美麗島事件後大量興起，黨外黨工出身的黨外雜誌編輯與撰文者，成為持續推動黨外運動的繼承者。

四、政治詩的濫觴

根據林立強針對 1980 年代現代詩壇的考察，認為 1980 年代臺灣政治詩的內容，具有抵抗遺忘、批判主流意識所再現的臺灣、為被壓迫者發聲、尋找第三空間的可能性等幾種特色。其特別指出臺灣 1980 的並非單純只是解構主流意識，而是在批判和解構的當中重構臺灣主體性，使臺灣主體性脫離過去被主流意識當成他者再現的情境。[22]陳文成則指出臺灣現代詩的

---

[22] 詳見林立強，〈臺灣八○年代政治詩研究〉，國立臺北教育大學臺灣文化研究所碩士論文，2008年。

政治書寫，有四項特質最為顯明：文本的在野抵抗、語言的敘事傾向、諷喻的意象特徵、積極的浪漫精神等。陳文成認為在為人生而藝術的政治書寫策略之中，文字具有經世濟民的導向功能，而透過現代詩人語言的經營，以及詩中敘事上的努力，能構呈現出當代思潮的意象風景。陳文成敘述詩人在書寫的同時，在技巧上也有多種謀略，讓詩句並不淪為情緒字眼，而是具有文藝美學的客體。[23]換句話說，1980 年代的臺灣現代詩，並非像過去一般認知的沒有重心，呈現多方向式的多元發展，而是在民主運動的土壤上，其實生產出為數不少的政治詩，並從中發展出政治詩美學。

葉振富在〈現代詩的街頭運動──試論臺灣八〇年代的政治詩〉一文中，提到寫政治詩的詩人如苦苓、楊渡、林雙不、劉克襄等人，表示詩中通常具有街頭運動的性格。甚至，在最後給出一個巨大的定義：「詩人不能不關心政治，不關心政治的詩人是墮落的詩人。」[24]不過，葉振富和陳文成的論述有些差異，葉振富認為 1980 年代的政治詩，仍鮮有明顯的藝術成就，這與陳文成所認為的政治詩美學有認知上的不同。而葉振富和林立強某些觀點類近，葉振富形容 1980 年代的政治詩「勇敢」介入政治議題，突破題材的禁忌，作品中也多具有戰鬥性、批判性和具肯定性的政治參與。

不過，1980 年代的政治詩考察，顯然多少都忽略了黨外雜誌中的詩作。林立強指出臺灣的政治詩具有解構主體又重建主體的現象，彷彿具有後殖民的色彩，但恐怕未必。葉振富所指稱的，1980 年代政治詩的藝術成就不高，也值得再思考。而陳文成認為，政治詩已經有現代詩美學的脈絡，也有待再商榷。無論如何，1980 年代已經是政治詩濫觴的時代。

---

[23] 詳見陳文成，〈臺灣現代詩的政治書寫〉，佛光大學文學系博士論文，2009 年。

[24] 葉振富，〈一場現代詩的街頭運動──試論臺灣八十年代的政治詩〉，《臺灣現代詩史論：臺灣現代詩史研討會實錄》，臺北：文訊雜誌社，1986 年，頁 471。

　　若以林雙不的〈夢回臺灣〉為文本，或可見一班可窺全豹。〈夢回臺灣〉以林義雄事件林宅血案為背景，描繪在戒嚴時代為了民主自由而付出的重大犧牲。〈夢回臺灣〉一共分為九段，首段描寫在夢中回到臺灣，回到林家祖厝的宜蘭，然而夢醒之後，卻發現那是在異國，而夜晚已已經降臨。第二段敘述以淚眼望斷臺灣，又暗聲呼喚著，質疑著故鄉臺灣是否曾經曾善待過所有為了正義而奮鬥的黨外運動者。第三段切入正題，描寫林義雄的母親屍骨已經寒冷，而女兒的魂魄已經散去，可是不知道什麼時候才能夠讓三個人入土暫安，意味著沉冤始終未雪。第四段描繪自由的火把還沒有燒近，而民主的亮光才剛剛開始燃起，而一起奮鬥的黨外運動者，都還寂然的凝望著冷冷的鐵欄杆，還困在不正義的政治牢獄中。第五段呼籲政府將政治犯全部解放，也敘述所有人都含著淚呼喚著自由，更諷刺難道還有人沒心沒肝，比不上南韓總統全斗煥。接下來，描繪黨外運動者為了鄉土的民主自由用鮮血寫上生命，而為了臺灣則用血高喊著不要懼怕，因為黨外運動者的血是永遠流不乾的。第七段和第八段，寫回在夢中又回到臺灣，又回到故鄉宜蘭，而夢醒之後人還在異國，夜晚已闌珊。但鄉土的愛和對家園的情感，是長明的燈也是恒流的河，生生世世都不會斷絕。最後一段，林雙不敘述林家母女相擁，而看著異國的黃昏，請所有人都耐心等待著，也請黨外運動者在追求人身重獲自由的時刻都能暫時心安。[25]從全詩來看，確實發展出一種獨特的政治美學，也以民主的自由、黨外運動者的自由等，為全詩的主旋律。

　　《八十年代》還有部分的詩作，表達出對於黨外運動者的感懷，例如詹澈〈年輕的朋友——莒將〉、楊渡〈樹啊，請你站起來！〉、詹澈〈懷念友人〉、廖莫白〈惦念〉、無名〈夥伴！別吵！〉；也有部分的傷感抒情詩，如林秋野〈晚菊〉、廖莫白〈不要傷害我〉、邱垂亮〈為兒子提行李的爸爸〉；亦有社會寫實詩，如詹澈〈什麼時候才是和平的春天〉、鄭敏人〈這黑坑，該不該再蹲下去——記福田煤礦災變〉。總體來說，這時期的黨外雜誌詩場

---

[25] 林雙不，〈夢回臺灣〉，《八十年代》第 31 期，1983 年 2 月。

域，雖然仍呈現小幅度的多元表現，但政治詩出現的比例，顯然較之前的
時期更多，敢勇於撰寫社會現實面的詩人，數量也較多。林雙不、詹澈和
廖莫白等詩人，呈現出對於政治的想像，也帶有一些期待。雖然葉振富痛
陳詩人不能不關心政治，不關心政治的詩人是墮落的詩人，但關心政治和
寫政治詩可能還是有一定程度上的距離，尤其在戒嚴時代，能夠表現出對
於政治的諷刺和批判者，確實響應了黨外雜誌的批判精神。

第五章　自由權與女權的議題類型

　　《自由時代》週刊通常在學界的印象裡，為臺灣歷史上「言論自由」的重要典範，或者說是一個推動言論自由的重要存在。或許也因此導致《自由時代》週刊裡其他的自由議題被忽視，但並不代表《自由時代》週刊對其他自由議題的有所忽視。本章自《自由時代》週刊八十六篇標題中有「自由」二字的文章中進行分類，至少就有言論、政治、民主、免於恐懼、追求獨立、人權、法律、集會、遊行、行動等多種議題類型。沒有意外的，當中最大宗者即屬言論自由，其次是政治、民主自由與經濟等自由。當然，《自由時代》週刊在創刊號中所追求的言論自由，加上鄭南榕自焚事件的刺激，使得這個刊物成為「言論自由」的同義詞。即使在停刊啟事中，仍自我表述了這個特色，因此《自由時代》週刊的自由言論地位殆無疑義。只是，本文認為《自由時代》週刊也同時突顯了其他層面的自由主張。這些主張其實都代表一種上開放的「自由場域」，無論是集會、遊行、行動，或是政治、經濟都在爭取言論自由的最大空間。然而這些空間的開放，通常象徵著戒嚴政權運作的對抗。時值今日，《自由時代》週刊內的多重自由議題主張仍深具啟發性。例如「自由巷」已誕生，而「南榕廣場」經過一番學生抗爭終於塵埃落定。本文宏觀考察《自由時代》週刊的自由議題類型，也期待在此基礎上將來能細析這些議題的歷史淵源與影響。

　　相較於《自由時代》對國家前途與社會改造形成的漩渦，《婦女新知》則像是在看似平靜的湖面上吹拂水紋一波波。沒有人能否定婦女新知基金會與婦女新知雜誌社在臺灣婦權發展史上的重要地位，尤其雜誌社所衍生的刊物《婦女新知》，對於臺灣婦權運動的知識傳播與追求婦權的助益有目共睹。從婦女新知基金會、婦女新知雜誌社到《婦女新知》的出刊，象徵

著臺灣婦權意識的運動軌跡。回顧自 1987 年以來的婦女新知基金會活動，能發現其對於婦權議題的多元關注。例如 1983 年的「8338 婦女週」、1984 年的「婦女性騷擾問題」、1989 年的「男女工作平等法」草案等，都是針對性別平權議題的長期抗戰。本書從《婦女新知》追求女性在戒嚴時代與社會封閉下，面對各種處境所生產的議題進行考察。《婦女新知》象徵女性議題在黨外雜誌場域的不缺席與在場，如今仍餘波蕩漾。

一、《自由時代》與《婦女新知》的創與止

《自由時代》系列於 1984 年 3 月 12 日推出創刊號，自第一期起始就是周刊，主要以紅框的封面為主。在黨外雜誌場域裡確實有雜誌之間的競爭意識，甚至具有爭奪場域領導權的意味與行動存在。例如，後來由於黨外雜誌百家爭鳴，社長鄭南榕便為了提高《自由時代》的能見度與話題性，因此又增加三日刊[1]，封面主要以綠框為主。而在戒嚴時代，由於受到「黨內」的壓迫，《自由時代》雜誌總共換過 22 個名稱[2]，以對抗戒嚴政權的查禁。《自由時代》啟蒙了臺灣一九八十年代的民主思想，也因為鄭南榕對國民黨採取完全不合作也不期待的姿態，因此雜誌內容充滿辛辣與諷刺的風格。為了擔起所有責任，鄭南榕總是在每期雜誌都註明所有文責有鄭南榕負責，因為，鄭南榕認為言論的自由是百分之百的，因此他無所畏懼。《自由時代》週刊秉持著「時代」的精神，揭發了許多「當時」的政治黑幕，

---

[1] 《自由時代》三日刊的發行時間為 1984 年 7 月 17 日至 1985 年 8 月 28 日。

[2] 《自由時代》系列周刊的 22 個名稱分別為：《自由時代》周刊、《先鋒時代》周刊、《民主時代》周刊、《開拓時代》周刊、《發展時代》周刊、《發揚時代》周刊、《民主天地》周刊、《人權時代》周刊、《公論時代》周刊、《新聞時代》周刊、《全元時代》周刊、《進步時代》周刊、《創新時代》周刊、《創造時代》周刊、《爭鳴時代》周刊、《新潮時代》周刊、《臺灣時代》周刊、《捍衛時代》周刊、《寶島時代》》周刊、《鄉土時代》周刊、《戰鬥時代》周刊、《獨立時代》周刊。

也因此引發戒嚴政府查禁和停刊次數最多的刊物記錄。《自由時代》在鄭南榕自焚後半年才宣佈停刊，而主因是由於財務無法負荷而終止，雜誌發行總共經歷了五年八個月，總共出版 302 期。

　　1982 至 2008 年 9 月為《婦女新知》月刊，並於 1996 年發行為期兩年的《騷動》季刊，其後更名為《婦女新知基金會通訊》並改為季刊發行至今。 若從 1982 年開始算起，統計《婦女新知基金會通訊》至目前的，《婦女新知》自雜誌創刊至今已連續刊載逾 300 期，對於臺灣婦運與女性主體意識的推廣有不可抹滅的地位。本文所探討的黨外雜誌，多數都已經停刊，《婦女新知》本身雖然已經終止發行，並轉型為《婦女新知基金會通訊》，但仍具有婦運精神的延續性，發行機構也未變，因此寬鬆而言可以算是仍未停刊的雜誌。[3]只是，政治已經解嚴，政黨也多次輪替，《婦女新知基金會通訊》已不再算是黨外雜誌了。但《婦女新知》當中對女權的關懷與政治上的訴求，仍相當值得我們探勘。

二、《自由時代》週刊的自由議題類型分析

　　歷來對於鄭南榕[4]的研究，多集中於其所創辦的《自由時代》週刊[5]中

---

[3] 本文限定在戒嚴時代的《婦女新知》。《騷動》季刊與《婦女新知基金會通訊》不在本文討論之列。至於轉型後的《婦女新知基金會通訊》是否仍算是《婦女新知》，本文初步持正面的肯定態度，但或許學界有不同的看法，不過並不影響本文的討論。

[4] 關於鄭南榕的研究，主要有：駱嘉惠，〈血祭民主路——林宅血案與鄭南榕自焚案合論〉，臺北：國立臺北教育大學臺灣文化研究所碩士論文，2012 年；洪啟迪、林鈺凱、李維翰，〈鄭南榕——一粒偉大而美好的自由種子〉，《臺灣史料研究》37 期，臺北：吳三連史料基金會，2011 年 6 月，頁 104-138；黃宇良，〈良法與力的互動——以爭取百分之百言論自由的理念為觀察〉，臺北：鄭南榕基金會第一屆鄭南榕研究論文徵選得獎作品；何謙，〈作為話語「神話」的言論自由觀念——檢視鄭南榕「100%言論自由」觀念之建構與意義變遷〉，臺北：鄭南榕基金會第一屆鄭南榕研究論文徵選得獎作品；倪管嬣，〈人民力量與爭取權利運動——以鄭南榕與《自由時代》周刊為探討〉，臺北：鄭南榕基金會第二屆鄭南榕研究論文徵選得獎作品。

之「言論自由」一項。此印象使「鄭南榕」、「《自由時代》週刊」與「言論自由」三者之間，幾乎形成約等關係。換句話說，在臺灣提到鄭南榕，便會自然聯想到《自由時代》週刊與言論自由。而提到臺灣的言論自由，則溯及《自由時代》週刊與鄭南榕。然而在這三者之間鎖鏈般的約等關係中，暴露出一個重要問題，即《自由時代》週刊本身所展現出來的「自由議題」是否僅限於言論自由？自西元 1791 年法國的〈人權宣言〉以來，言論自由即隸屬於自由思潮之一環。[6]自由主義的重要源頭之一，蘇格蘭啟蒙運動則是注重自由市場與公民社會，思考利益與道德情操。[7]是以，廣義的自由主義涵括更多有關人權思潮下的自由理念，當自由主義思潮傳播至臺灣時，應該也連帶的引入眾多不同的主張。因此，在多達 302 期的《自由時代》週刊系列裡[8]，是否牽涉除了言論自由以外的自由議題？而這些議題的特色為何？本書基於此點，重新考察《自由時代》週刊裡與「自由」議題相關之文章。

5　關於《自由時代》週刊的研究，主要有：劉建佑，〈戰後臺灣言論叛亂除罪化的確立〉，臺北：國立臺灣大學國家發展研究所碩士論文，2005 年；古方雄，〈反對勢力政論雜誌言論主題之研究〉，臺北：政治作戰學院新聞研究所碩士論文，1986 年；陳煒翰，〈從《自由時代》系列雜誌看 1986 年的黨外運動〉，《臺灣史學雜誌》6 期，臺北：臺灣歷史學會，2009 年 6 月，頁 151-172。（與註 1 相同者，不再重複列出。）

6　楊軍中譯，R.G.Collingwood 英譯，Guido de Ruggiero 著，《歐洲自由主義史》，中國吉林：吉林人民出版社，2011 年，頁 49-55。〈人權宣言〉第二條明示政治的目的在於保護個人的自由、財產、安全與反抗壓迫；第十一條則保障所有公民均可自由發表言論、寫作、出版。Guido de Ruggiero 在解讀〈人權宣言〉時，則提出兩個主要精神：自由先於政治、個人在國家結構中的參與。從以上可看出言論自由屬於廣義自由主義之一環，但自由主義應包括更多屬於公民個人的自由權利。

7　顧忠華，〈自由主義的社會理論──以 Smith 和 Ferguson 為例〉，收錄於蔡英文、張福建主編，《自由主義》，臺北：中央研究院中山人文社會科學研究所，頁 81-104。

8　《自由時代》週刊系列雜誌之刊名，由於在政治壓迫與新聞檢查制度下，更動多次刊物名，但仍為均由鄭南榕所實質運作的《自由時代》週刊之延續，因此本文通稱為「《自由時代》」。此外，《自由時代》週刊，學界有「周刊」與「週刊」之不同用法，本文以較通用之「週刊」行文。

　　從 302 期的《自由時代》週刊系列裡揀選出以「自由」為題的文章共八十六則，再進行分類與分析。主要目的在於考察《自由時代》週刊有關自由議題所呼籲執政當局的類型，以及不同議題關注度的高低。經此統計，可知以鄭南榕為首的《自由時代》週刊系列，並非單一化的以言論自由為訴求。而是各方面的呈現多元主張的自由理念。鄭南榕自焚事件之後，《自由時代》對於臺灣言論自由推動的地位已無可動搖，但當時對於其他自由議題的提出亦不容忽視。本書旨在重新分析《自由時代》週刊的自由議題之類型，以突顯該刊的多重面向。

　　《自由時代》週刊甫自 1984 年 3 月 12 日創刊時，即在封底書明「爭取百分之百的言論自由」的宗旨。1985 年 9 月 21 日出版的《自由時代》週刊刊出鄭南榕的一篇文章，標題為〈槍口之下，我們依然爭取 100% 的言論自由〉6。鄭南榕在這篇文章中敘述了自由時代雜誌社的運書專車遭到公路警察的攔截，以及員工被便衣人員拔槍威嚇的緊張氣氛。同時，鄭南榕提及該社員工在飽受政治運作的騷擾時，其他的「黨外」雜誌社卻開始向文化警察「乞求」的情況。面對這些在政治層面發生的言論箝制事件，鄭南榕認為縱使國家機器對公民拔槍，仍須堅持百分之一百的言論自由。從這些跡象來看，不難想像《自由時代》週刊會被認定為「言論自由」立場鮮明的雜誌。但《自由時代》週刊為「自由」二字所做出的努力，以及確切的自由議題類型，仍需透過全數的出版內容來看，方能隸定其歷史定位與位置。本書先將《自由時代》週刊以「自由」為題文章分類，並初步從內容判定其議題類型。

　　總計有 86 篇文章以「自由」為題，言論自由有 48 篇，佔 55.81%；政治自由有 8 篇，佔 9.30%；民主自由有 7 篇，佔 8.14%；免於恐懼的自由有 3 篇，佔 3.49%，行動自由有 3 篇，佔 3.49%；提倡獨立的自由有 2 篇，佔 2.32%；集會自由有 1 篇，佔 1.16%；遊行的自由有 1 篇，佔 1.16%，法律自由有 1 篇，佔 1.16%；人權自由有 1 篇，佔 1.16%。上述這些是屬於廣義的政治方面的自由意題。此外尚有經濟自由有 7 篇，佔 8.14%；信

仰自由有 3 篇，佔 3.49%。停刊詞 1 篇，敘述了鄭南榕爭取自由的意志，佔 1.16%。

最大宗者為廣義政治項下的「言論自由」，在以「自由」為標題的文章裡占比高達 55.81%。從比例上來看，可獲知兩個重要訊息：一是「言論」議題的確在《自由時代》週刊中標題有自由一詞的文章群裡扮演舉足輕重的角色。第二點則是仍有另外的 44.19%，其實與言論自由並沒有直接相關的關係。不過這些刊登於《自由時代》週刊的文章，仍間接受到言論自由的影響。因為在鄭南榕的編輯與主導下，《自由時代》週刊的文章風格具有的批判性格與質疑立場相當鮮明。這些在內容與題材上和當時執政黨的意見大多相悖，因此「刊登行為」本身受到言論自由主張的影響。但文章本身所要表達的訴求則未必是「言論」自由的追求，因此。從言論自由占比 55.81%的現象看來，將鄭南榕、《自由時代》週刊與言論自由畫上等號其來有自。

在四十八篇與言論有關的文章中，又能以鄭南榕自焚事件為分水嶺，劃分為三類。第一類為在鄭南榕自焚事件發生前的要求言論自由之文章，計有三十九篇。加上第二類為鄭南榕自焚事件發生後的兩篇言論要求文章，占全部的 85%。第三類為鄭南榕自焚事件發生後的哀悼、震驚、追憶之文共七篇，佔四十八篇中的 15%。值得注意的是，第三類文章雖然數量較少，但內容涉及鄭南榕的定位，因此顯得格外重要。[9]同時，鄭南榕自焚事件發生前後涉及言論自由的文章風格，也因此而有顯著差異。

鄭南榕自焚事件發生前的三十九篇言論自由文章，內容有廢除戒嚴

---

[9] 本文之分類方式，視文章內容而定。總的來說共有四大類，分別是廣義的政治、經濟、信仰與停刊詞，最大宗者為廣義的政治。廣義的政治下又可分為言論、政治、民主、恐懼、行動、獨立、集會、遊行、法律與人權。廣義政治指當時對朝野政治訴求相關密切的文章，即各種形式上的政治參與；狹義的政治指對執政運作與組織之意見等範疇。由於廣義的政治範圍過大，因此於此項下再進行次一層級的分類，藉以能更細論其自由議題。雖然在廣的自由主義範圍裡，分類是相當困難的工作，但從各篇文章的主要訴求中，仍可大致上劃出界線。分類的目的在於觀察《自由時代》週刊具有何種「自由」的需求，同時也能藉此來分析不同自由議題類型的比例與內涵。

令、新聞自由、演講自由與反對壓迫言論自由等。例如〈廢除戒嚴令，確
保自由權——美國參議員裴爾發表聲明〉一文中指出裴爾對臺灣的建議：
「第一、廢除戒嚴令；第二、為允許成立新政黨預做準備；第三、新聞自
由；第四、擬訂計劃，使臺灣人在中央政府中，能有公平的代表權。」[10]即
大致表現《自由時代》週刊對言論自由的主張。此外，如鄭南榕的〈言論
自由是民主政治的基礎〉敘述：「言論自由是民主政治的基礎，國民黨如不
能保障言論自由，正好證明他們是『棄民主如廁紙』！」以及周伯倫〈不
爭「新聞自由」，那有「新聞週刊」？〉裡說：「黨外雜誌，唯有多爭取到
一小步的『新聞自由』，才能向『新聞刊物』的境界多邁進一大步。」[11]等，
分別將言論自由往民主政治與新聞自由的方向發展。而〈臺灣只要能自由
演講一個月，國民黨就會倒！——越洋專訪 FAPA 會長彭明敏〉[12]一文，
則直切演講自由的核心，敘述言論自由的重要性。不過，越接近鄭南榕自
焚事件，文章就越加激烈。例如鄭南榕的〈為言論自由之役奮戰到底〉一
文，敘述了當時三臺電視臺受到政治指導的現象，並闡明：「而有限的新聞
自由，對外不足以客觀報導，對內不足以捍衛自保；既無以取得人民的充
分信賴，又無以抵禦政治勢力的侵犯，這就是臺灣新聞媒體的莫大悲哀。」
[13]內容直指臺灣媒體的不自由度，以及政治對於新聞的侵擾。

---

[10] 〈廢除戒嚴令，確保自由權——美國參議員裴爾發表聲明〉，載於《自由時代》週刊 13 期，臺
　　北：自由時代雜誌社，1984 年 6 月 4 日。資料來源：大鐸資訊「臺灣自由時代週刊電子版資料
　　庫」。

[11] 周伯倫，〈不爭「新聞自由」，那有「新聞週刊」？〉，載於《自由時代》週刊 49 期，臺北：自
　　由時代雜誌社，1985 年 4 月 11 日。資料來源：大鐸資訊「臺灣自由時代週刊電子版資料庫」。

[12] 鄭南榕、魏廷昱訪問，〈臺灣只要能自由演講一個月，國民黨就會倒！——越洋專訪 FAPA 會
　　長彭明敏〉，載於《自由時代》週刊 106 期，臺北：自由時代雜誌社，1986 年 2 月 3 日。資料
　　來源：大鐸資訊「臺灣自由時代週刊電子版資料庫」。　鄭南榕、魏廷昱訪問，〈臺灣只要能自
　　由演講一個月，國民黨就會倒！——越洋專訪 FAPA 會長彭明敏〉，載於《自由時代》週刊 106
　　期，臺北：自由時代雜誌社，1986 年 2 月 3 日。資料來源：大鐸資訊「臺灣自由時代週刊電子
　　版資料庫」。

[13] 鄭南榕，〈為言論自由之役奮戰到底〉，載於《自由時代》週刊 266 期，臺北：自由時代雜誌社，
　　1989 年 3 月 4 日。資料來源：大鐸資訊「臺灣自由時代週刊電子版資料庫」。

第 267 期的《自由時代》週刊刊出李敖〈言論自由還是第一優先〉一文，內容為李敖自陳與鄭南榕的談話：「我回信給鄭南榕老弟，提到言論自由本來就是一種『優先的自由』(Preferred Liberty)、一種『第一自由』(The First Freedom)，美國憲法第一條正案就開宗明義國會不得制定任何剝奪它的法律。」[14]內容清楚表達對言論自由的堅定立場。從這些內容看來，《自由時代》週刊內有關自由議題的文章，「言論自由」的確具有優先性的地位。

隨著鄭南榕事件的發生，《自由時代》週刊陸續刊出對於該事件的反應。原本以言論自由為優先性的《自由時代》週刊，不僅在鄭南榕自焚之後毫無退縮跡象，反而更激進的表達對言論自由的訴求。在標題中有自由一詞的文章裡，共有四十八篇與言論自由有關，其中九篇為鄭南榕自焚事件後的刊載。在這九篇當中，有七篇與鄭南榕自焚事件有關。

這七篇於鄭南榕自焚事件發生後所刊登的文章[15]，一定程度上激化《自由時代》週刊等同於「言論自由」的歷史定位與觀感。鄭南榕本身的《自由時代》週刊身分，使得在自焚事件發生後，所刊登的這七篇文章一致性的讚揚鄭南榕推動言論自由的貢獻。與自焚事件發生前不同的是，原本的言論自由要求是直接面對政府政策與種種箝制行為，在自焚事件發生後則以哀悼鄭南榕自焚與敘述鄭南榕過去為言論自由的種種努力為主。換句話說，鄭南榕自焚事件發生後，刺激了《自由時代》週刊、言論自由與鄭南榕這三者互為表裡的關係塑造。尤其〈我們敬佩他對言論自由的貢獻與勇氣〉一文，刊載十位新聞界[16]的重要人士對鄭南榕的追思與敬意，更突顯鄭南榕地位的奠定。此外，〈超越死亡的自由者〉則說明鄭南榕自焚事件引

---

[14] 李敖，〈言論自由還是第一優先〉，載於《自由時代》週刊 267 期，臺北：自由時代雜誌社，1989 年 3 月 11 日。資料來源：大鐸資訊「臺灣自由時代週刊電子版資料庫」。

[15] 這七篇文章分別為：李界木，〈一位為臺灣主權獨立、自由、民主奮鬥的鬥士〉；本刊，〈超越死亡的自由者〉；本社，〈我們敬佩他對言論自由的貢獻與勇氣〉；江瑞添，〈四月七日應該訂為言論自由日〉；胡慧玲、吳惠芬，〈命運難拘自由魂十年傾斜向臺灣〉；本刊，〈爭取新聞自由人人有責〉；紀元德牧師，〈真理會使你們得到自由〉。

[16] 本刊，〈本刊同時獲得人權獎及停刊處分〉，載於《自由時代》週刊 301 期，臺北：自由時代雜誌社，1989 年 11 月 4 日。資料來源：大鐸資訊「臺灣自由時代週刊電子版資料庫」。

起國際的注意。鄭南榕的自焚，推波助瀾的深化了《自由時代》週刊在臺灣民主史上幾乎等同於言論自由同義詞的現象。

《自由時代》週刊第 301 期同時收到兩分公文，一份是受到政府查禁的處分，另一份是由臺灣人權會理事會投票肯定與讚揚的第三屆「臺灣人權獎」。

由於堅持言論百分之百的自由，以及後來雜誌主張臺灣獨立的言論，因此《自由時代》週刊的成員對收到停刊公文並不意外，然而停刊的同時卻收到臺灣人權獎的通知。兩相比較之下，不但極其諷刺，更突顯在更大範圍的臺灣政治場域中，《自由時代》週刊受到重挫，但在黨外雜誌場域中，《自由時代》週刊的地位卻是提高到一個歷史的新高點。1988 年 12 月鄭南榕在《民主時代》（《自由時代》系列的成員）上刊載臺灣獨立聯盟主席許世楷著作〈臺灣新憲法草案〉，國民黨即以涉嫌「叛亂罪」起訴鄭南榕。鄭南榕始終拒絕出庭應訊，最後在自由時代雜誌社辦公室中，以自焚的方式抗議國民黨的政治迫害。在歷史的長流與脈絡當中，彷彿呼應了在《自由中國》時代裡胡適所引述說的「寧鳴而死，不默而生」。鄭南榕本身也成為黨外雜誌場域中，具有雄厚的百分之百言論自由的象徵資本。

鄭南榕在〈言論自由是民主政治的基礎〉裡談及「李亞頻案」時說：「因為言論、出版與傳播自由是民主政治不可缺少的基礎。」可見鄭南榕將言論、出版與傳播等自由放在第一位的原因，是盼望能達成民主政治的最終目標。同一篇文章裡，鄭南榕認為：「言論自由是民主政治的基礎」，因此在其對自由的理念當中，言論自由是一種手段，最後的理想是落實民主政治。李敖則在〈言論自由還是第一優先〉裡說：「南榕老弟認定言論自由和政治活動是一體兩面的事，我都覺得兩者應該分割。」其認為言論自由與政治活動有本質上的差異。將本文的《自由時代》週刊自由議題類型，置於鄭南榕與李敖在《自由時代》的觀點來分析，可以得出一個言論與民主、政治均等，而民主與政治透過言論自由延伸出其他自由議題的關係圖。

　　《自由時代》週刊八十六則文章正呼應三大分類：廣義政治、經濟、信仰。廣義政治含納了九個細項，當中言論、民主與政治為大宗，透過這三個大類，延伸出其他七個細項：免於恐懼的自由、追求獨立的自由、人權被保障的自由、法律保障的自由、集會自由、遊行自由、行動自由。這七個小項的自由議題未必與民主、政治正相關，但卻是民主政治的具體化。例如集會、遊行、行動等的目的未必是為了達到政治目標（可以是婦女、同志、勞工等），但集會、遊行、行動的行為本身充滿民主與政治味道。因此，鄭南榕才認為言論自由為民主政治的基礎，而李敖說言論自由與政治可以分割。「政治」與「民主」兩項，則分別有 9.30% 與 8.14%，在比例上僅次於言論自由。從比例來看，「政治」與「民主」亦為《自由時代》週刊的重要自由議題。「政治」一項共有八篇文章。[17]這些文章內容的目標不一，例如郭大成有兩篇質疑中國自由黨成立目的與背景的文章、高正山敘述美國重視韓國自由化是否受到國內阻力的情況、李文忠表達軍人應有自由入黨的權力等。比較特殊的是許昭榮的〈救援被國民黨遺棄在中國大陸四十年之「臺籍老兵」自由返鄉探親呼籲書〉一文，呼籲國民黨政府能夠在政治上解除限制以開放「臺籍老兵」探親。這八篇文章的主題並沒有觸及言論自由的追求，主要是對政策的批判，不過刊登行為上仍可視為民主政治的言論活動。

　　「民主」議題部分的文章共有七篇[18]，也多未觸及言論自由。當時的民主議題與「選舉」息息相關，在野黨主要的民主政治活動也是透過選舉

---

[17] 這八篇文章分別為：本刊，〈自由誠可貴鈔票價更高〉；郭大成，〈如此這般中國自由黨〉；郭大成，〈中國自由「黨」搶吃「中國派」〉；陳臺篤，〈反攻大陸莫再提 今朝來歸今朝醉——又見「投奔自由」秀〉；高正山，〈南韓自由化與美國壓力〉；本刊，〈李文忠：軍人有加入民進黨的自由〉；本刊，〈蘇南成故態復萌推出自由男神秀〉；許昭榮，〈救援被國民黨遺棄在中國大陸四十年之「臺籍老兵自由返鄉探親呼籲書」〉。

[18] 這七篇文章分別為：劉福增，〈與其投奔自由，不如爭取自由〉；取材自《亞洲週刊》，〈亞洲盛吹自由風〉；夏芝青，〈臺大「自由之愛」凱旋日〉；本刊，〈繼續抗議才能享受民主自由〉；紐約——臺北越洋傳真，〈自由女神渡口下民主聖火迎臺灣〉；本刊，〈臺大「民主自由新中國之愛」的夢魘〉；林清香，〈發揚「五一一」自由精神臺大學生創新反叛模式〉。

來進行，同時執政黨也常被批判在選舉過程中有不光明的行為。「民主」議題部分的文章即有多篇針對選舉展開論述。學生運動在這七篇中也佔了三篇，顯示學生族群對於民主運動與自由追求功不可沒。

這七篇文章有些主張臺灣應將重心放在發展自我的民主，而非呼籲中國義士投奔自由臺灣。此外，在經過重重篩選過後的這七篇文章中，內容仍包括解嚴、國會改選、學生本土意識等在當時極為重要議題，可見確實《自由時代》週刊在民主自由的層面具有多元的刊載策略，也在言論自由之外推動各種自由意識。

最後，還值得注意的是有關「經濟」的議題文章，共計有七篇[19]，在整體《自由時代》週刊自由議題類型的八十六篇文章統計裡佔了 8.14%，與政治、民主的佔比相當。這七篇有關「經濟」的文章內容包括：外匯、公營事業、自由貿易區、利率、金融業管理與外資等。雖然各篇的訴求並不一致，但都直指政治過度干預經濟自由的現實。隨著 1980 年代臺灣的經濟起飛，在經濟結構與社會逐漸轉型的脈絡下，政府政策對經濟的過份監管問題也浮上檯面。《自由時代》週刊不單是聚焦於言論、政治與民主的自由化，對於經濟層面的自由情況也保持一定的關注度。這七篇文章要求在經濟上的開放，體現《自由時代》週刊的經濟自由主張色彩，並反映當時知識分子或政治評論家對經濟開放的渴求，社會輿情在一定程度上不斷呼籲著政府政策的鬆綁。

仔細觀察這七篇文章，會發現幾個重要問題。例如臺灣當時經濟的不自由，主要肇因於政府對於貨幣管理的不透明化、公營事業調整價格不受民意監督、物資進口被某些集團長期掌握、政府對於民營銀行的禁止等。從這些內容看來，經濟自由的主張顯然會「損及」當時執政者的既有利益。

---

[19] 這七篇文章分別為：余耀棠，〈還給人民持有外匯的自由〉；鄭余鎮、許榮淑、方素敏、江鵬堅、余陳月瑛、張俊雄、費希平，〈減縮公營事業擴充經濟自由〉；曉林，〈為何擱置大自由貿易區計劃？——自由貿易區應越大越好〉；孫明，〈大宗物資自由進口？國民黨捨得這塊肥肉嗎？〉；李志倫，〈內行唬外行的利率自由化〉；吳乃仁，〈銀行應該自由設立從嚴管理——解決金融風暴的正途〉；張美智，〈往金融自由化之路，利弊各見〉。

例如鄭余鎮等七位立委即在〈減縮公營事業擴充經濟自由〉中提出：應將
虧損的公營事業轉賣給民間經營或整理解散、臺糖與臺電等公司應開放由
民間參與經營、經建會應減少政策性干預國營業事業營運、公營事業調整
價格需經立法院審定、公營事業負責人應具備專業技術與知識等[20]，都在
監督政府不合理的政策，以求讓民間參與後能達到經濟自由與正常化。

　　自由主義本身帶有高度複雜成分，包括政治、經濟、法律、宗教等多
層面。《自由時代》週刊長久以來讓人有「言論自由」代表的印象，但實質
上卻包含了自由主義精神的廣泛層面，例如上述的經濟自由訴求。當然，
這也代表《自由時代》週刊呼應社會轉型的需求，對於政治控制提出改革
的「自由」言論。在社會轉型的過程中，《自由時代》週刊在黨外雜誌場域
中，呈現多元議題的光彩。

三、《婦女新知》的自由議題

　　學界歷來對於《婦女新知》的關注重心頗為一致，幾乎都是以「婦女
運動」為核心，關於這一點與本節的出發點氣味相投。而也由於婦女新知
的成員多半具有知識分子的身分，因此也常常在訪談或論述中「現身說
法」，這使得《婦女新知》的研究與其自身的發展有時呈現同質性高的現象。
總體而言，臺灣的女權意識日漸高漲，針對研究婦女新知基金會、婦女新
知雜誌社與《婦女新知》的研究亦有相當程度的積累，但就研究熱度與能
量而言仍屬弱勢。學者研究與一般訪談主要可以分為四大類：婦女運動史、
婦女運動的轉型、婦女運動與自由主義、婦女運動與同志運動等。婦女運
動史方面有李元貞〈婦女新知的回顧與前瞻〉[21]、范碧玲採訪〈李元貞談

---

[20] 〈時代〉向你說謝謝，也向你說再見「自由時代週刊社」停刊啟事〉，載於《自由時代》週刊
302 期，臺北：自由時代雜誌社，1989 年 11 月 11 日。資料來源：大鐸資訊「臺灣自由時代週
刊電子版資料庫」。

[21] 李元貞，〈婦女新知的回顧與前瞻〉，《女性人》第 2 期，1989 年，頁 216-222。

現存的性別體系、臺灣的婦女運動、「婦女新知」的推行〉[22]、王仁惠〈走出成長、知識、兩性關係的象牙塔——訪「婦女新知」副董事長尤美女律師〉[23]、陳淑淳採訪〈在草根中落實婦運精神的尖兵——專訪臺北市婦女新知協會理事長紀欣〉、賴信真〈婦女新知初探〉[24]；婦女運動的轉型方面有顧燕翎〈婦運的策略、路線與組織——婦女新知基金會「家變」的檢討〉[25]、王蘋等人的〈誰的基金會、什麼樣的運動？——夾在歷史和社會變革關口上的「婦女新知」〉[26]；在婦女運動與自由主義，有楊桂果整理，劉亞蘭與錢永祥主持，黃長玲、顏厥安、蘇芊玲、陳昭如、陸品妃、謝園等人對談的〈女權運動與自由主義思潮的對話〉[27]一文；在婦女運動與同志運動的部分則有林實芳的〈婦運與同運的有志「異」「同」：以婦女新知基金會的倡議歷史為例〉。[28]

　　和上述的研究與對談相仿，學位論文方面也集中於探討婦女運動；但不同的是，在學位論文方面則各有婦運中的聚焦議題。劉華真的〈社運組織自我維持的邏輯——消基會、婦女新知個案研究〉[29]以建立正當性、爭取社會資源、發行刊物、舉辦演講座談活動、公共政策、研究工作等面向

---

[22] 范碧玲採訪，〈李元貞談現存的性別體系、臺灣的婦女運動、「婦女新知」的推行〉，《中國論壇》第 347 期，1990 年，頁 49-57。

[23] 王仁惠，〈走出成長、知識、兩性關係的象牙塔——訪「婦女新知」副董事長尤美女律師〉，《律師通訊》第 137 期，1990 年，頁 41-48。

[24] 賴信真，〈婦女新知初探〉，《史匯》第 1 期，1996 年，頁 99-116。

[25] 顧燕翎，〈從移植到生根：婦女研究在臺灣(1985-1995)〉，《近代中國婦女史研究》第 4 期，1996 年，頁 241-268。

[26] 王蘋、丁乃非、倪家珍、隋炳珍，〈誰的基金會、什麼樣的運動？——夾在歷史和社會變革關口上的「婦女新知」〉，《當代》第 127 期，1998 年，頁 90-96。

[27] 楊桂果整理，劉亞蘭與錢永祥主持，黃長玲、顏厥安、蘇芊玲、陳昭如、陸品妃、謝園等人對談，〈女權運動與自由主義思潮的對話〉，《思想》第 23 期，2013 年，頁 135-174。

[28] 林實芳，〈婦運與同運的有志「異」「同」：以婦女新知基金會的倡議歷史為例〉，《婦研縱橫》第 99 期，2013 年，頁 32-41。

[29] 劉華真，〈社運組織自我維持的邏輯——消基會、婦女新知個案研究〉，國立臺灣大學社會學系碩士論文，1992 年。

來理解婦女新知的組織維持運作；陳雅惠的〈運動刊物中性別論述的演變
——《婦女新知》的語藝觀察〉[30]分別考察了解嚴前後《婦女新知》的性
別論述，如何跟隨情境變化，產生語言策略和運動敘事框架上的差異性；
葉盈蘭的〈婦運團體挑戰國家機器與市場的例證：以婦女新知推動「兩性
工作平法」為例〉[31]以國家政策、資本主義與社會運動團體三者間的角力
為基礎，探討兩性工作平等法案所形成的社會衝突與調和；黃瀚儀的〈臺
灣「監督國會」的發展：代議民主再思考〉[32]以婦女新知基金會監督國會
的行動為觀察點，分析監督國會的重要性與困難；李宜勳〈社福性非營利
組織推動政策合法化後角色與功能之研究〉[33]分別敘述了婦女新知基金會
推動兩性工作平等法與勵馨基金會推動兒童及少年性交易防制條例的過
程；李佩樺〈非營利組織議題倡導策略及議題生命週期之研究——以婦女
新知基金會推動兩性工作平等法為例〉[34]研究不同階段的婦女新知基金
會，在推動兩性工作平等法的策略上有何不同；曾于倫〈婦女新知基金會
女性志工之性別意識發展與日常生活實踐〉[35]描繪了婦女新知基金會女性
志工的性別意識培養與實際的實踐經驗；方瑄〈性別‧權力‧啟蒙：《婦女
新知》中的女性關懷（1982-2008）〉[36]分析了解嚴前後《婦女新知》的風

---

[30] 陳雅惠，〈運動刊物中性別論述的演變——《婦女新知》的語藝觀察〉，輔仁大學大眾傳播學研
究所碩士論文，2002 年。

[31] 葉盈蘭，〈婦運團體挑戰國家機器與市場的例證：以婦女新知推動「兩性工作平法」為例〉。政
治大學社會學系碩士論文，2001 年。

[32] 黃瀚儀，〈臺灣「監督國會」的發展：代議民主再思考〉。臺灣大學政治學研究所碩士論文，2005
年。

[33] 李宜勳，〈社福性非營利組織推動政策合法化後角色與功能之研究〉，東海大學行政管理暨政
策學系碩士論文，2007 年。

[34] 李佩樺，〈非營利組織議題倡導策略及議題生命週期之研究——以婦女新知基金會推動兩性工
作平等法為例〉，東海大學行政管理暨政策學系碩士論文，2007 年。

[35] 曾于倫，〈婦女新知基金會女性志工之性別意識發展與日常生活實踐〉。政治大學社會工作研究
所碩士論文，2009 年。

[36] 方瑄，〈性別‧權力‧啟蒙：《婦女新知》中的女性關懷（1982-2008）〉。臺灣師範大學歷史學
系在職進修碩士班碩士論文，2009 年。

格與訴求差異；蘇若萍〈臺灣政治性別語言的發展與轉變：以八零年代以降的婦女運動分析〉[37]敘述婦運對政治語言的影響與發展；李淑君〈黨外女性的他者敘述與自我敘述：民主與性別的歧義分析〉[38]中考察了《婦女新知》中的女性形象、性別意識與民主參與。這些學術研究的生產，分別來自文學、傳播學、社會學、歷史學、政治學與管理學，足見《婦女新知》研究的議題多元而豐富。

　　奠基於上述研究，本節意圖將《婦女新知》視為一個與民主運動相輔相成的場域。意即在臺灣民主運動史這個場域內，包含了部分的《婦女新知》。《婦女新知》這個場域，所突顯的自由女權，與臺灣的民主自由思潮相互重疊。布爾迪厄（Bourdieu）認為場域的概念就是一種為了從「關係」的角度，進行思考的技術。布爾迪厄在解釋場域的邏輯時指出，場域的概念為關係互動的思考，存在社會世界裡的是關係的運作，並非作用者之間的相互主觀的聯繫或交互作用。從概念發展來看場域，乃是一種「社會空間」的概念。布爾迪厄以「社會空間」來指涉社會世界的整體概念。社會空間是由許多場域的存在而結構化的，這些場域如同市場一樣，進行多重的特殊資本競爭（des capitaux specufiques）。場域可視為地位結構的空間，而其地位與彼此的關係是決定各種資本或資源的分配，場域是個鬥爭的場所，涉入其中的行動主體均試圖維繫或改變資本的分配形式。[39]也正是如此，戒嚴時代的臺灣黨外民主運動與自由思潮的主流，顯然缺乏了女性主義的聲音，而《婦女新知》則佔有這個發聲位置，並成為這個場域的主要代言人。

---

[37] 蘇若萍，〈臺灣政治性別語言的發展與轉變：以八零年代以降的婦女運動分析〉。東海大學政治學系碩士論文，2011年。

[38] 李淑君，〈黨外女性的他者敘述與自我敘述：民主與性別的歧義分析〉。成功大學臺灣文學系博士論文，2011年。

[39] 詳見應鳳凰，〈五〇年代臺灣文學論集——戰後第一個十年的臺灣文學生態〉，臺北：春輝出版社，2004年。

　　另一方面，戒嚴時期同樣受到政治偵防的文學創作，在《婦女新知》這個場域內，也具備了強調女性的色彩。文學的研究不僅關注文學的生態，也需留心文學社會。文學生產背後的社會發展，往往會對文學史本身造成直接性的影響。本節意圖從文學場域、文學生產、文學研究等角度來觀察《婦女新知》中的自由論述文章，以及文學推廣的脈絡，具有何種特殊意義。《婦女新知》這個場域目前仍持續發展與活躍，但正如同前述學者所察覺的一般，在戒嚴與解嚴後，《婦女新知》的發展與運動策略已逐漸產生質變。本文將聚焦於戒嚴時期，觀察《婦女新知》的自由女權與女性文學推廣。

　　婦女新知雜誌社、婦女新知基金會與《婦女新知》的誕生，與臺灣民主運動、臺灣自由思潮的發展密不可分。[40]當中的關鍵人物為李元貞，她並敘述自身為了繼承呂秀蓮的香火而創辦《婦女新知》。[41]而事實上，以呂秀蓮中心的臺灣婦運自 1971 年開始，卻受到戒嚴時代的人民團體組織法的管制無法籌組婦運團體。可能受到婦運發展的挫折，呂秀蓮在 1978 年開始積極投入黨外運動，而在 1979 年就因為高雄美麗島事件而入獄。[42]其後李

---

[40] 李元貞針對《婦女新知》的創辦與黨外新生代的啟發如此說道：「黨外新生代這股不死的決心大大地鼓勵我，讓我潛藏心底的憤怒找到出口，面對這股臺灣政治社會渴盼轉型的洪流，我體悟婦運也必須繼續下去。我發起『婦女聯誼會』，與吳嘉麗、薄慶容、簡扶育，李豐、鄭至慧、曹愛蘭、李素秋、黃毓秀、黃瓊華、莊素雅等人每月聚會討論婦女問題，商量有沒有人願意出來做婦運。幾次之後，我知道自己必須學習黨外來編雜誌發言做婦運。」李元貞，〈播種與茁壯：回顧 1980 年代臺灣婦運〉，《思想》第 22 期，2012 年，頁 113。

[41] 李元貞敘述自身創辦《婦女新知》與呂秀蓮之間的關聯：「美麗島政治事件後，臺灣民間對社會改革的熱情未歇，1982 李元貞與少數婦女們創辦《婦女新知》雜誌，試圖接續呂秀蓮入獄後中斷的臺灣婦運。在次年(1983 年 3 月 8 號)的婦女節舉辦婦女週慶祝活動，主題為『婦女的潛力與發展』，吸引不少婦女後來投入婦女的組織工作。《婦女新知》雜誌社，一方面介紹西方的女性主義思想，另方面針對臺灣社會的婦女問題發言，如『墮胎合法化』、『夫妻財產制的不公平』、『性騷擾的普遍現象』、『家庭主婦的社會參與』、『男女平等對話』等問題，並要求政府提出解決的辦法。」詳見。李元貞，〈臺灣婦運及其政治意涵(1)〉，《婦女新知》第 221 期，2000 年 12 月。上網日期：2015 年 5 月 15 日，讀取自 http://www.record.awakening.org.tw/resources/everything/aw_2009_AM_Article_2000_221_12_13_3024.pdf。

[42] 李元貞也曾因呂秀蓮入獄，而被政府的調查員約談：「這股受挫的新生代黨外力量，不久藉出版《美麗島》雜誌而壯大，並時時要求舉行民主選舉，終於導致 1979 年 12 月初的高雄美麗島

元貞便於 1982 年創辦了《婦女新知》，讓婦女運動進入新的里程碑。然而，又由於《婦女新知》推崇呂秀蓮，因而受到政府的關切。從這整個發展歷程看來，在當時戒嚴時代的高壓統治下，《婦女新知》與黨外運動有血脈相連的關係。由於社會的封閉與政治上的極權統治，臺灣戒嚴時期的女性權益與自我主體，實際上受到多重的壓抑與箝制。更由於種種因素，女性在知識、權力與社會結構上屬於較弱勢的一方。於是《婦女新知》的誕生，同時肩負了傳遞婦權知識、爭取婦權與抵抗父權體制等多項任務。

(一) 女性主義

　　《婦女新知》主要的讀者為女性，特別是呼籲和召喚女性關注與支持婦權運動。因此在介紹和建立臺灣的女性主義基礎時，主要從兩個方面著手，一是翻譯與傳播國外的婦權運動情況與理論，另一則是回顧臺灣的婦權運動的歷史。在這兩者的相互馳援下，進而在戒嚴時期逐漸孵育臺灣婦權的女性主體意識，為婦權運動打開一個開疆闢土的自由發聲窗口。

　　法國籍的西蒙・波娃（Simone de Beauvoir）[43]為 1970 年代世界女權的重要理論家，創刊於 1982 年的《婦女新知》也譯介了其一個重要訪談。該翻譯為〈我是一個女性主義者〉，原文為當時西德重要的女性主義記者愛麗絲・史瓦茲（Alice Schwarzar）[44]訪談西蒙・波娃的內容。[45]愛麗絲史瓦茲與西蒙波娃曾共同從事婦運十年，愛麗絲史瓦茲記下了西蒙波娃從理論家成為實踐家的過程。在西蒙波娃出版經典代表作《第二性》後，復以七十歲的高齡重新檢視從事婦權運動的心路歷程與省思，遂生產了這一系列的

政治事件，當局抓了許多人，呂秀蓮入獄，連我也被調查員約談，整個社會充滿了肅殺、壓迫、苦悶的氣息。」李元貞，〈播種與苗壯：回顧 1980 年代臺灣婦運〉，《思想》第 22 期，2012 年，頁 112。

[43] 目前學界普遍譯為西蒙・波娃。但在《婦女新知》中，通常被翻譯為西蒙狄波娃。

[44] 目前學界普遍譯為愛麗絲・史瓦茲。但在《婦女新知》中，通常被翻譯為愛麗絲・史卡瓦茲。

[45] 原文應選自 *Simone de Beauvoir heute* 一書，臺灣翻譯為《拒絕做第二性的女人：西蒙・波娃訪問錄》。

訪談錄。《婦女新知》自 1982 年 12 月起連續在 31 期、32 期、33 期刊登〈我是一個女性主義者〉[46]的譯文，由梁雙蓮翻譯，內容觸及了社會主義國家的婦女處境、新女性主義的評價、女性群體、排斥男性的團體、女性的自我覺醒、婦女組織的運作、激烈行動策略、美國女性主義的影響等。不但為臺灣婦運提供了一些參考，也為婦女新知基金會展示了一些運作方式。同樣引介國外思潮者，尚有第 23 期由老七翻譯的〈旁觀者看日本婦女〉[47]，主要是進行國際日本女性主義者 IFJ 創辦者的訪問，內容為日本女性主義發展的現況與困境。另外，第 50 期有盧蕙馨的〈我看美國女性主義發展〉[48]，主張應該要建立自我的兩性研究。

而介紹女性主義內涵的部分，第 16 期有伍之臨的〈女性主義知多少〉[49]，以類似科普的語調，敘述了保守主義、自由主義女性主義、古典馬克思主義女性主義、女性同性戀分離主義、社會主義女性主義。與之相仿的，有第 51 期曾綺華的〈什麼是女性主義？〉[50]，介紹了保守主義女性主義、自由主義女性主義、古典馬克思主義女性主義、激進女性主義、社會主義女性主義。此外，在回顧臺灣的婦權運動歷史方面，則有第 23 期賀姍的〈新女性主義的拓荒者呂秀蓮〉[51]，介紹了呂秀蓮對臺灣婦運的啟發，包括農村婦女、都市女工與娼妓問題等。

---

[46] 詳見西蒙‧狄波娃著 梁雙蓮譯，〈我是一個女性主義者〉，《婦女新知》第 31 期，1984 年 12 月，第三版；西蒙‧狄波娃著 梁雙蓮譯，〈我是一個女性主義者〉，《婦女新知》第 32 期，1985 年 1 月，第三版；西蒙‧狄波娃著 梁雙蓮譯，〈我是一個女性主義者〉，《婦女新知》第 33 期，1985 年 2 月，第三版。

[47] 老七譯，〈旁觀者看日本婦女〉，《婦女新知》第 23 期，1984 年 1 月，頁 47-52。

[48] 盧蕙馨，〈我看美國女性主義發展〉，《婦女新知》第 50 期，1986 年 7 月，頁 3。

[49] 伍之臨，〈女性主義知多少〉，《婦女新知》第 16 期，1983 年 6 月，頁 28-31。

[50] 曾綺華整理，〈什麼是女性主義〉，《婦女新知》第 51 期，1986 年 8 月，頁 9-11。

[51] 賀姍，〈新女性主義的拓荒者呂秀蓮〉，《婦女新知》第 23 期，1984 年 1 月，頁 45-46。

(二) 女性參政

　　戒嚴時期的黨外人士政治參與，不僅顯得危險，並且幾乎沒有空間。通常黨外人士利用辦雜誌、選舉與遊行等方式，向執政者爭取公民權益。1987 年婦女新知雜誌社，便曾經與長老教會彩虹專案、臺權會、原住民團體、婦女團體、人權團體等共同聯合發起「反對人口販賣、救援雛妓」的示威遊行，這是臺灣人第一次因婦女議題走上街頭，第二天的《中國時報》與《聯合報》都大幅報導，最後促使了政府推出「正風專案」，亦讓政府提出相關的應對政策。關於雛妓的問題，雖然並非是百分之百的政治問題，卻是利用政治手段，讓政府反省社會問題與政策上的不周延。在戒嚴時期的《婦女新知》，至少有第 57 期的〈團結起來解決雛妓問題〉[52]與同期晚亭的〈還我們的姐妹來〉[53]，另外尚有 58 期由李瓊月記錄的〈「正式人口販賣──關懷雛妓」座談紀錄　救她們出火坑！〉。[54]

　　而在婦女實際參政方面，婦女新知基金會曾在戒嚴時期的 1987 年舉辦婦女領導人才訓練。而在解嚴後，這股於戒嚴時期的女性參政思潮得到解放，1989 年婦女新知基金會聯合其他婦女團體發表「十大婦女聯合政見」與婦女看兩黨婦女政策等活動，1992 年婦女選民對立委問政的要求與評估，1992 年提出婦女參政者邁向立法院的意見，1998 出版〈女選民完全投票手冊〉， 1999 年三分之一性別比例原則入憲，2000 年提出婦女選民八大訴求支票，要求候選人簽署等。總體而言，戒嚴時期的火苗，在解嚴後全面延燒。

　　1984 年的《婦女新知》第 31 期的〈社論──看看美國，看看我們自

---

[52] 婦女新知雜誌社，〈團結起來解決雛妓問題〉，《婦女新知》第 57 期，1987 年 1 月，頁 4-7。

[53] 晚亭，〈還我們的姐妹來〉，《婦女新知》第 57 期，1987 年 1 月，頁 9-10。

[54] 李瓊月，〈「正式人口販賣──關懷雛妓」座談紀錄　救她們出火坑！〉，《婦女新知》第 58 期，1987 年 3 月，頁 14-19。

己談選舉中的婦女問題〉[55]提及美國女性政治人物參政的情況，包括女性的總統參選人等。同時，也敘述了美國總統參選人，會涉及婦女在政府中的角色、婦女的工作權、托兒問題、女性的保險與退休金差別待遇問題、女性的社會與健康問題等。另外，1983 年第 21 期由李瓊月整理、梁雙蓮演講的〈婦女的政治參與——梁雙蓮主講〉[56]一文，探討了臺灣女性從政情況、障礙、原因與克服的可能性。1987 年 5 月第 60 期的陳惠珍〈婦女與政治——政治的可親性〉[57]一文鼓吹臺灣在經濟快速發展下，女性應該更加參與社會活動，而參政與選舉是當中的重要手段。

(三) 女性權益

前述有關「解決雛妓問題」的文章，實際上是《婦女新知》在凝聚女性身體自主權的重要思潮之一。重視女性身體的自主權，也讓《婦女新知》從女性身體出發，發展出包括雛妓問題、墮胎問題、性騷擾問題、化妝與瘦身問題、健康問題、婚姻問題等，有些更讓政府生產了相關的法案以維護婦女權益。例如 1984 年婦女新知基金會發動 7 個婦女團體，將 154 位婦女聯合簽署的意見書送進立法院，後來便促使立院通過優生保健法。

《婦女新知》上有關女性權益的議題繁多，但在戒嚴時期的《婦女新知》仍是處於建築基礎的時刻，議題也較為集中，主要包括有身體、工作、家庭、教育、法律等。這些議題集中於「身體自由」，使《婦女新知》成為一個重要的女性身體自主權發聲場域。

身體議題方面，《婦女新知》在 1982 年 2 月的創刊號，就已刊出〈未婚媽媽的問題呼籲立法院注意：墮胎合法化應當首列「時間合法化的條件」〉

---

[55] 婦女新知雜誌社，〈社論——看看美國，看看我們自己 談選舉中的婦女問題〉，《婦女新知》第 31 期，1984 年 12 月，第一版。

[56] 李瓊月，〈婦女的政治參與——梁雙蓮主講〉，《婦女新知》第 21 期，1983 年 11 月，頁 44-47。

[57] 陳惠珍，〈婦女與政治——政治的可親性〉，《婦女新知》第 60 期，1987 年 5 月，頁 10。

[58]一文，內容敘述了未婚懷孕的三種類型：兩願性未婚懷孕、非意願的未婚懷孕、特種行業女子未婚懷孕，並且分析子宮自由、婦女人權、身體健康與社會因素等有關墮胎合法化的議題，當中特別強調「時間合法化」的問題。這是站在女性身體自主自由的立場，呼籲政府當局應特別注意墮胎合法化對女性可能發生的種種情況。而在第 8 期吳小莉的〈正視性騷擾與性強暴的問題〉，以人皆生而平等的觀念，呼籲大眾應該要重視個人人格的獨立自主權，去面對社會跟家庭中有關性與權力失衡所產生的性騷擾與性暴力問題。此議題打開之後，第 25 期便成為性騷擾、性強暴、性教育、性知識等特別專號，包括有顧燕翎〈「性騷擾」的爭議性〉[59]、曹愛蘭〈婦女性騷擾問卷調查初步報告〉[60]、李元貞〈性強暴的社會分析〉[61]、柯琴〈往事不堪回首──也談性騷擾〉[62]、黃國彥〈青少年的性知識與態度〉[63]、鍾思嘉〈如何實施青少年的性教育〉[64]、黃樺〈強暴犯的行為模式〉[65]。遂使《婦女新知》成為當時討論性騷擾議題最重要的場域，並且是兼具知識性、統計性與身體自由主章等多面向的傳播刊物。

　　同樣在身體議題方面，還可以特別注意的是有關女性的化裝、穿著與體態等，《婦女新知》認為這些均是女性為了自己的行動，而非是為了取悅男性的不自主不自由的動作。例如第 8 期的黃妮娜〈化妝品使人更美嗎？〉[66]、第 10 期黃樺的〈瘦美人與餓死症〉[67]、第 13 期田奇的〈談女明星的犧

[58] 婦女新知雜誌社，〈未婚媽媽的問題呼籲立法院注意：墮胎合法化應當首列「時間合法化的條件」〉，《婦女新知》第 1 期，1982 年 2 月，頁 9-11。

[59] 顧燕翎，〈「性騷擾」的爭議性〉，《婦女新知》第 25 期，1984 年 3 月，頁 17-18。

[60] 曹愛蘭，〈婦女性騷擾問卷調查初步報告〉，《婦女新知》第 25 期，1984 年 1 月，頁 19-22。

[61] 李元貞，〈性強暴的社會分析〉，《婦女新知》第 25 期，1984 年 3 月，頁 23-25。

[62] 柯琴，〈往事不堪回首──也談性騷擾〉，《婦女新知》第 25 期，1984 年 3 月，頁 26-29。

[63] 黃國彥，〈青少年的性知識與態度〉，《婦女新知》第 25 期，1984 年 3 月，頁 36-39。

[64] 鍾思嘉，〈如何實施青少年的性教育〉，《婦女新知》第 25 期，1984 年 3 月，頁 39-41。

[65] 黃樺，〈強暴犯的行為模式〉，《婦女新知》第 25 期，1984 年 3 月，頁 9-12。

[66] 黃妮娜，〈化妝品使人更美嗎？〉，《婦女新知》第 8 期，1982 年 9 月，頁 40。

牲色相〉[68]、第 19 期的顧燕翎〈談美 美貌——女人的負擔〉[69]與第 53 期
的陳華〈香港人看選美〉[70]等文，都碰觸了女性身體被物化的不自由情境，
以及深藏在傳統文化裡刻板化的性別意識形態等問題。

　　工作議題方面，早期主要是訴求「主婦」亦是個職業，要求社會大眾
重視這個現實。例如 1983 年 6 月的《婦女新知》第 16 期，即刊載了一系
列的主婦角色與工作事實。這些以「專題——社會變遷中的主婦角色」為
題的系列文章包括有郭美瑾〈家庭主婦行業觀〉[71]；楊麗秀〈主婦一直都
在工作〉[72]；慎恕〈我把主婦的工作當職業〉[73]；安俐、鄭瑞寶、鄭清文、
小蓉、陳東平等人訪談的〈大家談：私房錢面面觀〉[74]；尤美女〈法律觀
點：為私房錢正名〉[75]。而針對職業婦女在職場面臨的種種不平等，《婦女
新知》第 44 期有曹愛蘭的〈薪資平等和工作比較值〉[76]、第 58 期有鄭至
慧與薄慶容的〈一九八七職業婦女年專題——正式職業婦女所受的就業歧
視〉[77]。此時的《婦女新知》已確切掌握臺灣主婦與職業婦女所面臨的各
種不平等待遇，並且能夠有系統的指出不合理之處，並逐漸隨解嚴的到來，
開始往法律制度面爭取應有的權益。

---

[67] 黃樺，〈瘦美人與餓死症〉，《婦女新知》第 10 期，1982 年 11 月，頁 10-12。

[68] 田奇，〈談女明星的犧牲色相〉，《婦女新知》第 13 期，1983 年 3 月，頁 70-71。

[69] 顧燕翎，〈談美 美貌——女人的負擔〉，《婦女新知》第 19 期，1983 年 9 月，頁 53-54。

[70] 陳華，〈香港人看選美〉，《婦女新知》第 53 期，1986 年 9 月，頁 7-8。

[71] 郭美瑾，〈家庭主婦行業觀〉，《婦女新知》第 16 期，1983 年 6 月，頁 8-10。

[72] 楊麗秀，〈主婦一直都在工作〉，《婦女新知》第 16 期，1983 年 6 月，頁 10-12。

[73] 慎恕，〈我把主婦的工作當職業〉，《婦女新知》第 16 期，1983 年 6 月，頁 13-14。

[74] 安俐、鄭瑞寶、鄭清文、小蓉、陳東平等人訪談，〈大家談：私房錢面面觀〉，《婦女新知》第
16 期，1983 年 6 月，頁 15-17。

[75] 尤美女，〈法律觀點：為私房錢正名〉《婦女新知》第 16 期，1983 年 6 月，頁 18。

[76] 曹愛蘭，〈薪資平等和工作比較值〉，〈新女性主義的拓荒者呂秀蓮〉，《婦女新知》第 44 期，1986
年 1 月，頁 2。

[77] 鄭至慧、薄慶容，〈一九八七職業婦女年專題——正式職業婦女所受的就業歧視〉，《婦女新知》
第 58 期，1987 年 3 月，頁 1-9。

　　家庭議題方面，《婦女新知》特別關切婚姻與離婚議題，例如 1982 年第 9 期李元貞的〈離婚與婚姻的品質〉[78]與第 21 期由薄慶容、林萊如、石可嘉、呂金偉、許鈺敏、慶琳、傅清君、達明、張泰常、秋釵等人對談的〈大家談：如何建立婚姻的幸福〉。[79]教育議題方面，則是側重婦女教育與國民教育，例如第 19 期李元貞的〈缺乏兩性教育的國民教育〉[80]、第 30 期李美枝的〈婦女成就動機與成就表現〉[81]、第 38 期徐慎恕的〈「婦女成長團體」的意義〉。[82]在家庭與教育層面，《婦女新知》除了傳播一貫的平權意識，也重視制度面上的改革。

　　法律議題方面，《婦女新知》呈現宏觀、多元而具國際觀與知識性的色彩，在這方面的傳播，以律師尤美女大量刊登的文章為主，內容多樣，並有一系列半提倡半傳輸知識的「法律專欄」。在戒嚴時期，尤美女在《婦女新知》發表了〈法律常識——使我們更有信心〉[83]、〈法律專欄 父親乎？禽獸乎？〉[84]、〈法律專欄 警告逃妻〉[85]、〈夫妻財產制的現況——你的是我的，我的還是我的〉[86]、〈法律專欄 騙婚〉[87]、〈法律專欄 妾身未明〉[88]、〈法律專欄 子女不能從母姓〉[89]、〈法律專欄 離婚登記〉[90]、〈性騷擾座談

---

[78] 李元貞，〈離婚與婚姻的品質〉，《婦女新知》第 9 期，1982 年 10 月，頁 5-7。

[79] 薄慶容、林萊如、石可嘉、呂金偉、許鈺敏、慶琳、傅清君、達明、張泰常、秋釵，〈大家談：如何建立婚姻的幸福〉，《婦女新知》第 21 期，1983 年 11 月，頁 34-38。

[80] 李元貞，〈缺乏兩性教育的國民教育〉，《婦女新知》第 19 期，1983 年 9 月，頁 24-26。

[81] 李美枝，〈婦女成就動機與成就表現〉，《婦女新知》第 30 期，1984 年 11 月，頁 2。

[82] 徐慎恕，〈「婦女成長團體」的意義〉，《婦女新知》第 38 期，1985 年 7 月，頁 4。

[83] 尤美女，〈法律常識——使我們更有信心〉，《婦女新知》第 3 期，1982 年 4 月，頁 4-5。

[84] 尤美女，〈法律專欄 父親乎？禽獸乎？〉，《婦女新知》第 4 期，19825 年 5 月，頁 21-23。

[85] 尤美女，〈法律專欄 警告逃妻〉，《婦女新知》第 5 期，1982 年 6 月，頁 25-27。

[86] 尤美女，〈夫妻財產制的現況——你的是我的，我的還是我的〉，《婦女新知》第 6 期，1982 年 7 月，頁 36-38。

[87] 尤美女，〈法律專欄 騙婚〉，《婦女新知》第 7 期，1982 年 8 月，頁 29-30。

[88] 尤美女，〈法律專欄 妾身未明〉，《婦女新知》第 8 期，1982 年 9 月，頁 16-17。

[89] 尤美女，〈法律專欄 子女不能從母姓〉，《婦女新知》第 9 期，1982 年 10 月，頁 16-17。

會報導 3〉[91]、〈孩子監護權的效力〉[92]、〈法律專欄——悔不當初〉[93]、〈專題——社會變遷中的主婦角色 5.法律觀點：為私房錢正名〉[94]、〈從法律觀點看職業婦女之產假 哺乳及托兒〉[95]、〈法律觀點：不結婚亦可收養子女〉[96]、〈法律觀點：讓「嫁出去的女兒，潑出去的水」的觀念成為歷史陳跡〉[97]、〈法律觀點：可否以被詐欺為由撤銷婚姻〉[98]、〈法律觀點：如何辦理夫妻分別財產制〉[99]、〈法律觀點：姑息不是睦鄰〉[100]、〈法律：寡婦對於公婆之遺產並無代位繼承權〉[101]、〈法律觀點：踏入社會的第一步——簽定雇傭契約〉[102]、〈法律對性騷擾的制裁〉[103]、〈法律觀點：民法片面不貞

---

[90] 尤美女，〈法律專欄 離婚登記〉，《婦女新知》第 10 期，1982 年 17 月，頁 28-29。

[91] 由林永豐、晏涵文、尤美女新知工作室聯名發表，〈性騷擾座談會報導 3〉，《婦女新知》第 11 期，1982 年 12 月，頁 37-43。

[92] 尤美女，〈孩子監護權的效力〉，《婦女新知》第 12 期，1983 年 1 月，頁 36-37。

[93] 尤美女，〈法律專欄——悔不當初〉，《婦女新知》第 13 期，1983 年 3 月，頁 46-49。

[94] 尤美女，〈專題——社會變遷中的主婦角色 5.法律觀點：為私房錢正名〉，《婦女新知》第 16 期，1983 年 6 月，頁 18。

[95] 尤美女，〈從法律觀點看職業婦女之產假 哺乳及托兒〉，《婦女新知》第 17 期，1983 年 7 月，頁 26-27。

[96] 尤美女，〈法律觀點：不結婚亦可收養子女〉，《婦女新知》第 18 期，1983 年 8 月，頁 27。

[97] 尤美女，〈法律觀點：讓「嫁出去的女兒，潑出去的水」的觀念成為歷史陳跡〉，《婦女新知》第 19 期，1983 年 9 月，頁 32-33。

[98] 尤美女，〈法律觀點：可否以被詐欺為由撤銷婚姻〉，《婦女新知》第 20 期，1983 年 10 月，頁 30-31。

[99] 尤美女，〈法律觀點：如何辦理夫妻分別財產制〉，《婦女新知》第 21 期，1983 年 11 月，頁 39-40。

[100] 尤美女，〈法律觀點：姑息不是睦鄰〉，《婦女新知》第 22 期，1983 年 12 月，頁 31-32。

[101] 尤美女，〈法律：寡婦對於公婆之遺產並無代位繼承權〉，《婦女新知》第 23 期，1984 年 1 月，頁 43。

[102] 尤美女，〈法律觀點：踏入社會的第一步——簽定雇傭契約〉，《婦女新知》第 24 期，1984 年 2 月，頁 36-37。

[103] 尤美女，〈法律對性騷擾的制裁〉，《婦女新知》第 25 期，1984 年 3 月，頁 30-35。

抗辯應廢止〉[104]、〈法律觀點：「彈性工作時制」、「部分時間工作制」及「共職制度」應予以提倡〉[105]、〈從事義工收穫多〉[106]、〈法律專欄——女性勞工別在勞動基準法上睡覺〉[107]、〈家庭主婦在法律上應有的地位〉[108]、〈法律專欄——打開天窗談私房錢〉[109]、〈從法律觀點透視——轉型期中臺灣婦女的角色與困境〉[110]等 28 篇文章。尤美女利用法學專長，在處理婦權自由時，從婦女權益與的角度抵抗傳統的父權價值，向大眾傳播在法律層面改革的意見。

　　之所以特別單獨提出尤美女，是由於除了李元貞之外，尤美女在這個場域中有特別鮮明的身分與角色。尤美女利用法律專長，在《婦女新知》裡確實提供了大量的女性權益與法律問題思索。雖然在當時李元貞的個人特色與威望可能遠過於尤美女，但尤美女豐富的議題開展與女性法律常識上的「新知」，使得她在《婦女新知》中成為長期具有影響力的角色。一直到了解嚴後的《婦女新知基金會通訊》，尤美女仍然擔任重要的法律顧問，並在國會擬定女性相關法案。

---

[104] 尤美女，〈法律觀點：民法片面不貞抗辯應廢止〉，《婦女新知》第 26 期，1984 年 4 月，頁 37-38。

[105] 尤美女，〈法律觀點：「彈性工作時制」、「部分時間工作制」及「共職制度」應予以提倡〉，《婦女新知》第 27 期，1984 年 5 月，頁 23-24。

[106] 尤美女，〈從事義工收穫多〉，《婦女新知》第 28 期，1984 年 6 月，頁 22-26。

[107] 尤美女，〈法律專欄——女性勞工別在勞動基準法上睡覺〉，《婦女新知》第 29 期，1984 年 10 月，頁 3。

[108] 尤美女，〈家庭主婦在法律上應有的地位〉，《婦女新知》第 34 期，1985 年 3 月，頁 2。

[109] 尤美女，〈法律專欄——打開天窗談私房錢〉，《婦女新知》第 35 期，1985 年 4 月，頁 4。

[110] 尤美女，〈從法律觀點透視——轉型期中臺灣婦女的角色與困境〉，《婦女新知》第 36 期，1985 年 5 月，頁 4。

四、《婦女新知》的女性文學推廣

　　《婦女新知》在基金會舉辦的各種活動中，扮演介紹傳播與總結成果的要角。但除了主要的傳遞婦權運動訊息與知識之外，亦有女性藝術與女性文學的介紹與推廣。這是緣於主要創辦人之一的李元貞[111]，本身除了是婦運的推手之外，也是女性文學家與藝術家。[112]此外，更曾參與籌組女鯨詩社[113]，本身亦是詩社成員之一。女鯨詩社主要任務為邀女性詩人稿、女性詩評、世界女性詩壇介紹等。然而女鯨詩社成立於 1998 年，在女鯨詩社之前，李元貞主要透過《婦女新知》傳播女性藝術與女性文學。在李元貞的促成下，《婦女新知》成為臺灣戒嚴時期推廣女性文學的重要場域。

　　臺灣婦女運動的推動者，多半具有中產階級與知識分子的身分。而「身分」，也成為場域裡的重要因素。臺灣婦女運動的主要領導者和參與者的身分，多數是出自於臺灣高等學府中的文學院。和西方的婦女運動有些雷同，女性文學家似乎婦女運動中都佔有相當比例，不少的女性主義提倡者都是寫作能手，像是女作家、評論家、女記者或女編輯等，例如前面提到的西蒙‧波娃與愛麗絲‧史瓦茲等人都是。

　　戒嚴時期的《婦女新知》，由於翻議、創作與報導（接近報導文學的寫

---

[111] 李元貞長期任教於淡江大學中文系，主要的文學創作與評論有《還鄉與舊夢、、《愛情私語》(長篇小說)、《婚姻私語》、《女人詩眼》、《文學評論——古典與現代》、《回首青春》、《青澀私語》、《封神榜——西周英雄傳奇》、《黃山谷的詩與詩論》、《封神榜》、《女性詩學》，編有《紅得發紫——臺灣現代女性詩選》。

[112] 李元貞敘述道：「記得顧燕翎曾經勸我不要辦雜誌，因為當時政府對出版品的管制甚嚴，所以流行一句話：『想要害誰就勸他辦雜誌』。加上我原來的人生志趣是文學及藝術創作，她認為我不如以寫作來傳達『女性意識』較好。」詳見李元貞，〈開花結果和待完成的革命：回顧臺灣婦運 20 年(1990-2010)〉，回顧臺灣社運二十年(1990-2010)，2010 年，「回顧臺灣社運二十年(1990-2010) 研討會」研討會論文。

[113] 「女鯨詩社」於 1998 年 11 月 1 日成立，成員有江文瑜、李元貞、利玉芳、沈花末、杜潘芳格、海瑩（張瓊文）、張芳慈、陳來紅、劉毓秀、蕭泰(蕭秀芳)、謝碧修、顏艾琳。

作）的關係，文學院的中文系、比較文學系和外文系的學者在容易通過文學作品的閱讀以接觸到西方婦運思想的情況下，較易成為臺灣婦運、女性主義、女性藝術、女性文學的領導者，例如李元貞、鄭至慧等。

　　有趣的是，為了向大眾傳播女性、兩性教育、主婦等相關的知識與觀念，《婦女新知》推出一系列轉載的漫畫。例如漫畫家季青自 1982 年 11 月的第 10 期至 1983 年 8 月的第 18 期，連續推出了〈生活品質 漫畫〉與〈漫畫 兩性教育〉的專欄。漫畫家衣者則是刊載了兩則與職業婦女有關的漫畫，分別為第 24 期的〈漫畫：職業婦女的憂慮〉、第 27 期的〈漫畫：失業的母親〉。

　　而在介紹國內女性藝術家方面，舞蹈家陶馥蘭與歌劇女導演王斯本受到了《婦女新知》的注意。第 65 期分別有朱恩伶的〈跳出臺灣女性的新經驗——專訪陶馥蘭〉[114]與史晶晶的〈評陶馥蘭舞展——白日夢連作〉。[115]在照片刊登的部分，第 28 期刊出了標明「國內第一位歌劇女導演——王斯本」的照片（作者不詳）。

　　此外，《婦女新知》在推動女性藝術時，將攝影與現代詩的寫作結合起來。當中最為大宗者，首推簡扶育的「攝影與詩」系列，為一幅攝影搭配一首現代詩創作，以戒嚴時期為範圍，共曾在《婦女新知》5 期、6 期、7 期、9 期、10 期、12 期、13 期、15 期（簡扶育、許大雯聯名發表）、17 期、18 期、20 期刊出，內容多半為寫景與心情的描繪。另外，梁正居亦曾於第 19 期登出「攝影與詩」。

　　以第 6 期的「攝影與詩」為例，攝影作品表現出波瀾壯闊的山景，但景中有兩個婦人賣力的往前邁進。而這篇「攝影與詩」描繪著「努力完成自己／作為一個奮發健全的女人／我走在山路上／一步一步地前進往上提

---

[114] 朱恩伶，〈跳出臺灣女性的新經驗——專訪陶馥蘭〉，《婦女新知》第 65 期，1970 年 10 月，頁 1-4。

[115] 史晶晶，〈評陶馥蘭舞展——白日夢連作〉，《婦女新知》第 23 期，1987 年 10 月，頁 5-6。

升」[116]詩中象徵女性在獨立而爭取自主性的路上，表達出孤獨而艱辛的一面。簡扶育的攝影為雙面封裡的呈現，詩與兩婦人出現於同一面，另一面則是廣闊的而上坡山景。這幅「攝影與詩」象徵往女性自主的方向，不僅還有許多可發展的空間，同時也需要付出更多的努力才能攻頂。

圖九：簡扶育，「攝影與詩」系列，《婦女新知》第 6 期，1982 年 6 月，封裡。

再以另一幅攝影為例，同樣探討性別的議題。在第 12 期的「攝影與詩」當中[117]，攝影照為爺爺和孫子兩人的對話詩。孫子詢問爺爺，究竟是男孩好還是女孩好，爺爺回答「一樣」好；孫子又追問爺爺是喜歡姐姐還是喜歡他，爺爺仍回答「一樣」喜歡；孫子又問是他能幹還是姐姐能幹，爺爺同樣回答「一樣」能幹。最後，孫子問爺爺：「姊姊為什麼不能和我們一起來爬山？」道盡了男女雖然「一樣」，但卻受到「不一樣」待遇的傳統價值觀。

---

[116] 簡扶育，「攝影與詩」系列，《婦女新知》第 6 期，1982 年 6 月，封裡。

[117] 簡扶育，「攝影與詩」系列，《婦女新知》第 12 期，1983 年 1 月，封裡。

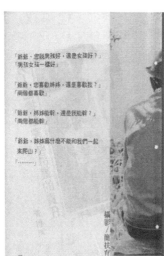

圖十：簡扶育，「攝影與詩」系列，《婦女新知》第 12 期，1983 年 1 月，封裡。

　　在婦女運動發展的過程中，有部分的女性主義者，從原本的理論奠基者，轉變成以社會運動為訴求的街頭運動家，最後又開始注意到文化方面的論述。女性主義文學者的推波助瀾，使女性主義文學理論在臺灣逐漸發展成形，進而對女性作家的創作產生了部分的影響。以文學院女性學者與作家為主的戒嚴時期臺灣婦女運動，透過這種抵抗（或拒斥）傳統父權社會的文學力量，以女性議題為主的刊物報導（類近於報導文學）與現代小說，來傳播女性主義的理念與思想。

　　1987 年 5 月出刊的《婦女新知》第 60 期，刊登了李元貞的〈自由的女靈──談臺灣現代女詩人的突破〉[118]。李元貞以一個詩評家的角度，將臺灣現代女詩人放在一起探討，彷彿將女詩人群視為一個大的創作場域。在這個場域之中，多數的女詩人以「愛情」為書寫主題，儘管有些詩作表

---

[118] 李元貞，〈自由的女靈──談臺灣現代女詩人的突破〉，《婦女新知》第 60 期，1987 年 5 月，頁 2-5。

現出國仇家恨，但與男性相較之下比例與數量過少，因此談情說愛為女詩人群的一大主流。為了建立女性詩觀，並與婦權追求自由的主張相呼應，李元貞挑選了數位臺灣女作家的詩作評析，以為其所建構的理論佐證。

李元貞首先以蓉子〈我的粧鏡是一隻弓背的貓〉為例，說明女性在人生感悟中的覺醒。接著又以林泠的〈不繫之舟〉為例，分析當中追求不羈的自由的種種象徵。在打開婚姻枷鎖的部分，以陳秀喜的〈棘鎖〉為例，敘述陳秀喜傳達婚姻為女性枷鎖的意念。夐虹的〈媽媽〉一詩，則被李元貞用來詮釋探索女性經驗的心靈狀態。而羅英的〈子宮〉，在李元貞的眼中為女性被物化、表現女性陰柔面的作品。這些女作家本身未必具有女性主義意識，但在李元貞的解讀下，與女性主義產生連結，更與婦權自由的呼籲有相得益彰的可能。

史晶晶在《婦女新知》第 2 期有〈夐虹詩裏的愛情境界 兩首肯定愛情的好詩〉。[119]黃樺在第 22 期的〈女中豪傑葉陶女士〉[120]一文介紹了當時尚屬學術研究荒漠的日治時期女作家葉陶。其它，尚有《婦女新知》第 27 期史晶晶的〈殺夫與不歸路中的女性意識〉[121]、第 39 期李元貞的〈高昂的三重奏——談呂秀蓮的「這三個女人」〉[122]、第 50 期有王瑞香的〈暗夜之後是否有黎明？——試評李昂「暗夜」中的女性〉[123]等，都屬於婦權運動者建構女性作家女性意識的文章，同時這些兼具評論者與婦權者的女性評論家，也正在創造女評家的女性評論典範。不但提升了這些女性文學作品的內涵，也開創了做為女性評論家在解讀文學作品時的視野與多元途徑。

---

[119] 史晶晶，〈夐虹詩裏的愛情境界 兩首肯定愛情的好詩〉，《婦女新知》第 2 期，1982 年 3 月，頁 33-36。

[120] 黃樺，〈女中豪傑葉陶女士〉，《婦女新知》第 22 期，1983 年 12 月，37-38。

[121] 史晶晶，〈殺夫與不歸路中的女性意識〉，《婦女新知》第 27 期，1984 年 5 月，頁 42-47。

[122] 李元貞，〈高昂的三重奏——談呂秀蓮的「這三個女人」〉，《婦女新知》第 39 期，1985 年 8 月，頁 2。

[123] 王瑞香，〈暗夜之後是否有黎明？——試評李昂「暗夜」中的女性〉，《婦女新知》第 50 期，1986 年 7 月，頁 8-11。

　　李元貞認為臺灣 1980 年代的婦女新知基金會與其他婦女團體，能夠透過各種方式存活與持續的傳播女性知識，除了臺灣女性們的自身努力成果之外，臺灣在解嚴後的民主化是重要因素。特別是 1980 年代的《婦女新知》原則上都還在打基礎，並不像現在能夠有效的聯合原住民婦女、移工、移民婦女、女同志及多元性別的弱勢族群等共同發聲。本文起始便將《婦女新知》視為一個與民主運動相互高度穎想的場域。在臺灣民主運動史這個場域內，自由思潮一定程度上對《婦女新知》形成助力。而在《婦女新知》這個場域所建構的自由女權，又使得臺灣的民主運動更加完整。例如在女性主義、女性參政與女性權益方面，《婦女新知》都提供了重要的理論基礎與行政立法依據。更特別的是，在介紹女性主義的部分，利用保守主義女性主義、自由主義女性主義、古典馬克思主義女性主義、激進女性主義、社會主義女性主義等相關論述，擴充了臺灣婦權運動的視野。

　　顧燕翎則在評述臺灣的婦女研究時，曾說任何呈現婦女在社會文化情境中表現出弱勢處境的學術研究，都可能因為將性別權力差距暴露出來，而在社會面讓婦運論述更為苴壯。[124]事實上，無論當時的《婦女新知》。《婦女新知》的創辦人之一的李元貞，受到呂秀蓮啟發而成為臺灣女性主義思潮的重要傳承人。在《婦女新知》這個女性主義場域的傳播之下，無論是 1980 年代的婦運發展，或婦女研究、臺灣新女性文學的萌芽，都是為了改變以男權為中心的臺灣社會現實，並探索婦女問題的解決方案。這在法律議題方面可以窺見端倪，尤其以律師尤美女於《婦女新知》大量刊登的文章為代表。

　　有研究者認為臺灣女性詩學的主體性，仍然還有許多等待開拓的空間。在主體性問題與身分認同的關係裡，臺灣的女性詩學目前仍與人類學、社會學、地理學、政治學、後殖民研究、多元文化主義等領域的發展有相當距離。楊宗翰便認為這導致臺灣女性詩學研究者，常誤以為生理或社會

---

[124] 顧燕翎，〈從移植到生根：婦女研究在臺灣(1985-1995)〉，《近代中國婦女史研究》第 4 期，199 年，頁 242。

性別才是身分認同的決定性因素。[125]但從呂秀蓮提出新女性主義開始算起，臺灣女性主義與女權自由，主要都和黨外雜誌與運動連動。換句話說，呂秀蓮透過撰稿、辦演講、組織群眾、經營拓荒者出版社等方式傳播理念，一直到李元貞的婦女新知基金會等，讓臺灣女性運動本身就處於黨外雜誌的場域之中。呂秀蓮就曾經提出先作人，再作男人或女人，強調女人與男人負有同等權利與義務；也敘述是什麼，像什麼，呼籲男女均應扮演好自己的角色；又訴求人盡其才，使每個人不分性別地公平競爭。這些可能都受到西歐自由主義女性主義的深遠影響。或許呂秀蓮的主張顯得太過溫和，只僅在傳統的兩性關係及分工架構內尋求法律上的平等，並沒有對父系文化進行嚴厲的批判。但呂秀蓮所指的新女性主義，以及呂秀蓮本身的角色，讓《美麗島》與《婦女新知》產生某種特殊的關係。這也因此讓李元貞繼起，成為黨外雜誌女性區塊中的領導者，繼承了呂秀蓮的象徵資本，並走上街頭奔波臺灣女權的自由。或許，自由主義式的婦運訴求，以及婦運街頭運動，在當時尚未碰觸性別「差異」實為社會建構而成，因此可能在某些層面上稍微喪失了讓差異重新政治化的機會，但在文學層面，以及女權自由方面，都具備餘波蕩漾細水長流的啟發性。

---

[125] 楊宗翰，《臺灣新詩評論：歷史與轉型》，臺北：新銳文化，2012 年，頁 150-151。

第六章　結語

　　戰後臺灣戒嚴時代的自由場域，孕育了黨外雜誌的數個黨外運動世代。這些世代在精神上具有傳承的意味，自由主義的薪火也不段的傳遞下去。李旺臺曾將 1984 年以前的黨外雜誌發展歷史，大略的分成三個階段。第一個階段是文人辦報的知識分子雜誌時期，這個時期的黨外雜誌有《自由中國》、《文星雜誌》、《大學雜誌》、《臺灣政論》、《夏潮》、《這一代》、《富堡之聲》等，約是本文第二章、第三章範圍。第二個時期是政客政論雜誌辦報時期，這個時期的雜誌主要有《八十年代》、《美麗島雜誌》等，約為本文的第三章範圍。最後一個時期是政論雜誌的政治資訊市場時期，此時期的黨外雜誌蓬勃發展，有《八十年代》後期、《亞洲人》、《暖流》、《海潮》、《政治家》、《進步》、《深耕》、《大地生活》、《關懷》、《代議士》、《生活與環境》、《名人》、《鐘鼓樓》、《民主人》、《博觀》、《夏潮論壇》、《在野》、《生根》、《前進》、《前瞻》、《臺灣年代》、《自由時代》等約為本文的第五章範圍。[1]雖然《婦女新知》並未被放在其黨外雜誌的範圍之中，但《婦女新知》實際上並未沾染國民黨色彩，在政治光譜上也傾向在野黨、自由主義、女權運動、女性政治權等，因此本書也將之納入黨外雜誌的範圍。

　　在戒嚴時代的黨外雜誌場域內，不同的階段與年代，有不同的場域領導者繼承自由象徵。黨外雜誌具有豐富而複雜的自由意識，這些意識包括理論、呼籲、要求與勸誡等，同時也因此延伸許多批判時政的內容。這些黨外雜誌的自由論述文章，不僅是紙上談兵，更對社會發生了一定的影響。

---

[1] 李旺臺，〈野火燒不盡，春風吹又生——黨外雜誌發展史略〉，《八十年代》第 1 期，1984 年 4 月 3 日，頁 11-17。

而戒嚴統治政府，也對此有所反應。當然，極權統治者的反應通常是嚴厲而反人權的。縱然如此，每個階段的臺灣黨外雜誌場域領導者，依然透過前行代場域領導者的啟發，毫無畏懼的開展出新的場域行動與策略。雖然戒嚴時代的自由場域充滿朝氣蓬勃的自由意志，但卻也受到政府當局雷厲風行的管制。在場域中行動的領導者，也就是黨外雜誌的核心領導人物，通常首當其衝，例如雷震、殷海光、李敖、黃信介、許信良、呂秀蓮、鄭南榕、李元貞等。這些場域領導者之間，具有「精神」上世代傳承的意義。黨外雜誌場域，在臺灣戒嚴時期政治場域中，在充滿衝撞政府政策的同時，也具有回應社會議題、促進社會運動發展、開拓言論自由和重視女權的元素。

一、知識分子勇諫政府邁向自由民主

李福鐘在〈自由民主的基本概念導論〉曾將《自由中國》裡的自由議題，分為「反共產、反獨裁」、「個人與國家」、「自由的真諦」、「民主的堅持」等四大類。並敘述胡適、雷震、殷海光為了宣揚自由主義，而在《自由中國》裡刊登的二十一篇文章。這些關於自由論述撰寫者，都是臺灣如今能享受自由空氣的先驅。[2]若將《自由中國》視為一個黨外運動的場域，可觀察到臺灣自由思潮的場域並非是僵化而固著的。由國民黨統治大中國的背景，當蔣氏政權遷臺後以自由中國自居的脈絡來看，《自由中國》是一份共產中國之外的雜誌。而由支持蔣氏政權到批評蔣中正連任的發言來看，《自由中國》是黨外雜誌。由反共文學為大宗的一九五〇文壇來看，《自由中國》為非官方文學空間的非主流雜誌。因此，《自由中國》是跨域、複雜而動態的場域。在當時戒嚴體制下的臺灣政治場域裡，《自由中國》從戒

2　李福鐘，〈自由民主的基本概念導論〉，收錄於李福鐘、薛化元、 孫善豪、陳儀深、潘光哲，
　　臺北：稻鄉出版社，2003 年 11 月，頁 XII-XXVII。

嚴體制中走向反極權的場域中，可說是知識分子勇諫政府邁向自由民主的最佳寫照。

　　如果將胡適視為中國五四運動的領導者，而在中國自由思潮的主張，伴隨著他跨海峽來到臺灣，同時也就將五四的自由思想傳播至臺。那麼，胡適自五四運動以來所形成的自由思想，在臺灣戰後傳播至臺的歷程，應也算是某種程度的「橫的移植」。胡適在《自由中國》一共刊登 26 篇文章，這些文章形成胡適在臺灣場外雜誌中重要的論述。以胡適〈容忍與自由〉的「演講稿」為例，胡適說自身認為容忍的態度比自由更重要，容忍是自由的根本。社會上沒有容忍，就不會有自由。胡適敘述人們自己往往都相信自己的想法是對的，思想也不會是錯的，而信仰也是不錯的，但這都是不容忍的本源。如果社會上有權有勢的人，都表示自身們的信仰、思想與言論都是對的錯，便會控制他人的信仰自由、思想自由、言論自由與出版自由等。胡適當時提出這些觀點，一方面是為了本身的修養，另一方面是為了說給政府聽。[3]希望政府能夠在信仰自由、思想自由、言論自由與出版自由等層面進行「容忍」而讓步。特別是在《自由中國》開始出現「需要有強力的反對黨」這樣的聲音後，胡適更認為政府應該站在民主自由的立場上，能夠「容忍」在野黨的存在，以取得「自由」的成果。

　　《自由中國》創刊之後，雷震負責主要的編務，因此當《自由中國》打開來灣自由主義場域的空間時，雷震儼然成為黨外雜誌場域的領導核心。雷震在推動自由民主的主張時，察覺蔣氏政權的極權心態，因此雷震從原本的擁蔣開始轉變成批蔣的立場。同時，雷震也從反共的姿態，開始進行批評蔣中正的行動。雷震提出諸多需要面對現實的時政批評，包括反對黨如何確保自由度、民主政治就是民意政治、民主政治就是輿論政治、誹謗意義與言論自由間的界線、反對國民大會修改憲法以擴充國民大會職權與增加國民大會會期等。由於雷震是實際支持《自由中國》發行的負責人，且由原本蔣中正信任的黨職人員，轉變成批評蔣中正在臺灣的戒嚴極

---

[3]　胡適演講，楊欣泉紀錄，〈「容忍與自由」〉，《自由中國》第 21 卷第 11 期，頁 6-8。

權統治運動者，因此受到政府的種種壓迫。在胡適、雷震、殷海光《自由中國》三巨頭中，雷震是唯一受刑坐牢，為言論自由付出慘痛代價者。

殷海光推崇並且重視中國五四運動的成果，由其也支持西化思潮。在《自由中國》受到挫折的同時，殷海光也在《文星》發表論述，讓《自由中國》和《文星》有某種關係上的連結。後來，《文星》爆發的中西文化論戰，殷海光有從中影響的可能性。殷海光在《自由中國》裡也曾提出關於反攻大陸的一些想法，其站在國際情勢與現實面來思考國民黨政府反攻大陸的機會與可能性，最終認為成功的機會太小，因此建議應該將政治工作與建設的重心放在臺灣本身，直言敢陳成為殷海光的特色，也引發政府的關切。殷海光敢言直諫，也支持成立在野黨，殷海光針對在野黨的基礎，建議應該以反共為核心。而從反共出發，自執政或在野黨之間的矛盾裡掙脫而出，最後回到人權問題上。殷海光認為只要發揮在野黨力量讓執政黨也成為自由派的一員，執政黨和在野黨就能形成自由的一方，共同和共產極權對抗。雖然殷海光並未遭到國家逮捕，但最終也失去在臺大的教職。

而自 1957 年 7 月開始刊登的「今日的問題」，以「本刊」的名義刊出，共有十五篇：〈是什麼，就說什麼〉、〈反攻大陸問題〉、〈我們的軍事〉、〈我們的財政〉、〈我們的經濟〉、〈美援運用問題〉、〈小地盤，大機構〉、〈我們的中央政制〉、〈我們的地方政制〉、〈今天的立法院〉、〈我們的新聞自由〉、〈青年反共救國團問題〉、〈我們的教育〉、〈近年的政治心理與作風〉、〈反對黨問題〉。這些當時的時政批評，除了拋棄對中國懷抱夢想的心態之外，也將眼光放在真實的社會問題。就臺灣黨外雜誌場域來說，代表場域中領導者期待將自由意志根植於臺灣的政治與社會。而這些時政批評，也代表知識分子勇諫政府面對現實並邁向自由民主的氣節。

二、文化議題隨時代變遷連動

　　胡適為《自由中國》的象徵資本，但在臺灣戒嚴時期「黨外雜誌」這個場域的《文星》時期，胡適已逐漸失去象徵資本的領導地位，而是《文星》眾作家的精神食糧。雖然兩份黨外雜誌發行時間有所重疊，但隨著《自由中國》走向抗衡國民黨政府的道路而挫折時，《文星》則順勢崛起。然而，《文星》並非完全接收了《自由中國》三巨頭的思想資產，而是從中抽絲剝繭出對文化的思索。

　　《文星》中的李敖自詡繼承了胡適的道路，在「行動」上也開始發表抵抗「黨內」的論述，《文星》成為「黨外雜誌」場域中自由主義的領導階層，李敖搖身一變成為「黨外雜誌」場域中的新象徵資本。更值得注意的是，李敖不只是單純的敘述自身繼承胡適的自由思潮，在《文星》中更引發了「中西文化論戰」，隱然和胡適前往美國理解「物競天擇」後訴諸的西化思想有相當程度的呼應。中西文化論戰之後李敖名氣大增，1963 年 7 月 8 日李敖接任《文星》主編。而李敖和《文星》也繼胡適、雷震、殷海光與《自由中國》之後，成為「黨外雜誌」場域中重要的領導核心。

　　《文星》中的自由論述題，主要集中新聞自由和學術自由議題。這些零星的文章包括有成舍我〈「狗年」談「新聞自由」〉、司馬桑敦〈新聞自由與不自由〉、陶百川〈緊箍咒與新聞自由〉、居浩然〈文藝與自由〉、小野秀雄〈對抗權勢力爭新聞自由〉、李聲庭〈論學術自由〉、李聲庭〈再論學術自由〉、呂光〈新聞報導著作人之權限及其在法律上之責任〉、李聲庭〈論民主與法治〉、本社〈為維護自由精神而努力的教育家——柯楠特〉等，並沒有強烈的政治評論與批判。

　　蕭孟能的父親蕭同玆時是國民黨黨內的黨國元老，深受總統蔣中正的重用，因此在《文星》發表的眾多作家，由於有蕭氏父子的保護，能夠在

論戰期間擁有不受言論管制的保護傘。李敖早期的發言，實際上一定程度上有黨內勢力的保護。而蕭孟能慧眼識人，又具有財勢和社會關係，以及和國民黨顯要要好的家庭背景，因此也提拔不少年輕的知識分子。然而，《文星》提供的論戰場域，實際全由蕭孟能在幕後主導和掌控，因此引起中西文化論戰這樣大的戰場，參與者都和場域領導者蕭孟能有密切的關係，而加入論戰的居浩然、李敖、胡秋原、徐復觀等人，都與蕭孟能有一定的交情。因此《文星》時期，蕭孟能和李敖為黨外雜誌中的重要領導者。

　　《文星》當中最為重要的恐怕還是中西文化論戰，為全盤西化擁護者和反全盤西化者的強力對峙。

　　中西文化論戰的起點，為李敖接棒了胡適的全盤西化說。被李敖視為播種者的胡適，於 1961 年在亞東區科學教育會議的英文開幕演講中，敘述要以一個「魔鬼的辯護士」的身分說不中聽的話。這個演講稿，提倡了全盤西化的堅定立場。徐復觀首先發難，批評胡適既不懂中國更不懂西方，更將胡適視為中國人的恥辱。而由演講詞引發的批判，胡適始終未回應，自由派人士們也沒有聲援胡適。而以胡適傳人自居的李敖，則在《文星》發表〈播種者胡適〉一文，支持胡適論點，甚至認為胡適的全盤西化還太過保守。接著居浩然的〈恭賀新禧〉和胡秋原的〈超越傳統派西化派俄化派前進〉開始進入論戰的引爆點。鄭學稼在文星第五十二期（二月一日）發表〈小心求證『播種者胡適』的大膽假設〉，更批評李敖在〈播種者胡適〉全是沒有「小心求證」的「大膽假設」。李敖全面回擊，在〈給談中西文化的人看看病〉嚴詞批判反對全盤西化者。

　　然而，中西文化論戰的始作俑者，主張全盤西化和自由主義的胡適卻在論戰發展中過世。《文星》便連夜改版，立即刊出十一篇紀念胡適的文章。緊接著，胡秋原〈由精神獨立到新文化之創造——再論超越前進〉、徐復觀〈過份廉價的中西文化問題——答黃富三先生〉、李敖〈為「播種者胡適」翻舊帳〉等三篇文章，持續為中西文化論戰提供彈藥。胡秋原認為數十年來中國在學術思想上的不進步，是由於三種門戶主義（復古、西化、俄化）

的影響。圍繞著胡適的筆戰的不斷加薪添柴，在《文星》第 54 期又有 9
篇論戰文章加入戰局。這一期的文星，幾乎是一本反胡反徐的特輯，集中
火力聲討「保守的義和團分子」，以四篇圍攻胡秋原，三篇圍攻徐復觀，即
使徐道鄰的一封短信，也遭受無情的批判。中西文化論戰持在胡適逝世後
仍持續熱戰，胡秋原本是《文星》的長期作者之一但在他追思胡適的〈由
精神獨立到新文化之創造〉一文，之後便不再向文星投稿。

　　自《文星》第 48 期刊登居浩然的〈徐復觀的故事〉開始算起，到最後
鬧到雙方以誹謗罪互控於法庭，歷時 21 個月。雖然在論戰中，爆發許多祕
辛和言語上相互批評的情況，但卻接觸到重要的時代議題：「全盤西化」或
「維護中國傳統」。中國方面於 1966 年爆發文化大革命，臺灣方面在 1967
年推行中華文化復興運動。然而自 1961 至 1963 年之間，黨外雜誌即發生
中西文化論戰。雖然《文星》短暫脫離黨外雜誌的政論色彩，卻優先於時
代變遷切入重要的文化議題。

三、自由思潮促使社會運動發展

　　1980 年代是臺灣的重要轉型期，政治上看似緩慢，但社會的變動卻很
大，由威權統治轉型為民主體制的時代。而在這個轉型過程之下的，原本
以臺灣知識分子要求民主參與的階層，逐漸透過政治上的街頭運動與黨外
媒體傳播，形成大眾參與的臺灣政治變遷的動力。在這個政治民主變遷下，
開始於 1970 年代末期的黨外運動場域，重新在 1980 年代前期整裝出發。
雖然，黨外運動在當時所嚴陣對抗的，是大陸中國的幻影。[4]然而由於臺灣
的大眾傳播媒體，在當時幾乎完全掌控於國民黨的黨政軍系統之下，形成
戒嚴威權體制，嚴密的控制臺灣社會。

---

[4]　Fairbank , J.K.1972. Our One-China problem, *Atlantic Monthly* 328. Fiske,J.1992. British cultural
studies and television, in R. C. Allen(Ed.), *Channels of discourse: Television and contemporary
criticism* pp.284-326.The University of North Carolina Press.

　　因此，黨外運動必須透過某些傳播媒體，來對抗「大陸中國」，形成「臺灣本土」論述。　1977 年的中壢事件讓黨外勢力的集結和形成，黨外運動受到事件的刺激，因此黨外雜誌在臺灣社會發揮對戒嚴體制的抗爭作用，也包括對逐漸對民主意識覺醒的臺灣大眾，進行街頭行動的動員。包括《美麗島》雜誌、《八十年代》等黨外雜誌，在 1980 年代前夕成為黨外運動不可或缺組織宣傳利器，這讓戒嚴政權感到緊張而強化管控，導致 1979 年美麗島事件的爆發。

　　美麗島事件的發生，在戒嚴體制政治力的介入下，讓眾多的黨外運動領導者入獄，受難者家屬與辯護律師團隨即站到反對運動場域中的，投入政治改革運動。而黨外雜誌也因此在 1980 年代的檯面下活躍而暢銷，這使得黨外雜誌的場域不斷的擴大，雖然仍然飽受政治壓迫。黨外雜誌批評戒嚴政權違反民主憲政、播散反對的的氣氛，不斷提升公眾的覺醒意識。[5] 在要求民主自由的理念下，在自由場域中形成龐大的團結意志，使得戒嚴政權更加戒備，兩者之間劍拔弩張。

　　在《文星》的政論暫時休憩之後，《臺灣政論》隨之而起。《臺灣政論》的出刊，讓臺灣在野勢力第一次結合。從《自由中國》、《文星》、《大學雜誌》相繼被停刊後，《臺灣政論》短暫的過渡自由主義及新生代的黨外場域領導地位。《臺灣政論》也繼承知識分子評時論政的路線，增加大量的在野反對聲音。《八十年代》、《美麗島》在此背景下紛紛創刊，分別代表理論批判和街頭抗爭路線，自由思潮將臺灣帶往社會運動的高潮，奠定緩緩邁向解嚴方面的社會支持基礎。

　　《八十年代》系列在自由議題方面，除了少數專文探討政經與社會問題，　其餘的內容則多以封面故事、新聞內幕、官員動態、議會新聞、黨外花絮消息等項目為訴求。在當時，選舉為追求政治自由的重要手段。從《八十年代》系列的內容來看，與黨外有關的系列報導中，選舉是相當重要的

---

[5] Lee, Chin-Chuan,1993. Sparking a fire: the press and ferment of democratic change in Taiwan, Association for education in journalism and mass communication.

主題。而雜誌的領導者對刊物具有一定的影響力，所以在某種程度上也會影響刊物的走向。就《八十年代》而言，有關康寧祥的內文遍不斷出現在《八十年代》刊物裡，使《八十年代》具有鮮明的康寧祥色彩。黨外雜誌場域中的《八十年代》，以溫和的路線佔據領導者的地位，而領導階層以康寧祥為核心。在政治論述方面，《八十年代》揭發許多政府的真實面，導致官方利用國家機器展開壓迫的手段。同時，也注重國會改革的議題。

　　黨外雜誌場域中的《美麗島》，以黃信介、許信良、姚嘉文、張俊宏、施明德等五人小組為領導核心。《美麗島》雜誌雖僅有四期，影響卻很深遠。《美麗島》在內容上包含政治、財經、社會等各層面，也介紹臺灣的歷史人物，更將臺灣史的探討納入探討範圍之中。若以文章的主題來分，《美麗島》可分為言論自由、民主憲政、法治人權、時事評論、地方自治、國際政情、財政經濟、勞工問題等議題。而在這些議題之外，有關黨外的報導也佔有相當大的比例。《美麗島》在報導黨外的部分，則又可分成黨外公職人員的質詢稿與草案、黨外人士介紹、活動報導、共同聲明、黨外大事記等項。

　　《八十年代》和《美麗島》都相當重視選舉，可見這時期的選舉議題，是黨外人士關切的重心。這顯示《八十年代》和《美麗島》的黨外運動者，不只是單純的衝撞體制，也改革體制，嘗試進入體制改變體制。在戒嚴時代的極權政府運作下，選舉可能充滿種種不公平、不公開與不公正的過程。黨外雜誌場域中領導群的自由意識高漲，因此在面對時政與選舉時，便有高度的興趣，也因為對選舉的熱衷，種下臺灣民主主義深化的基礎。同時，也興起臺灣黨外社會運動的高潮。

　　相較於《八十年代》的溫和路線，《美麗島》雜誌社開創的場域，能夠有效的召喚群眾參與。《美麗島》雜誌社僅在國內成立十三個地方服務處，也在美、加與日本等地成立經銷處。而國內服務處之經營情形，以南部地區最為積極，最早設立據點處為高雄縣市，也以南部地區舉辦的活動數量最多。這些據點，顯示黨外雜誌場域不再只是紙上談兵，也不是純粹的向

戒嚴政權喊話，而是直接進入群眾，走入街頭，創造更大的自由空間。

四、言論自由與女性權益空間的拓展

　　《自由時代》週刊〈編輯室報告〉中敘述自由是寶貴的政治權利，當中的言論自由更是臺灣當時難以獲得的珍寶，臺灣的雜誌被國民黨政府查禁或停刊，幾乎已成為家常便飯。[6]可見在當時，創辦黨外雜誌具有高度的風險，也常常血本無歸。然而，由於時常遭到雜誌被查禁的挫折，這時期的言論自由，成為場在雜誌場域中自由思潮的一大重心。《自由時代》週刊期待自身能將努力把臺澎金馬各地發生的事情如實報導，並讓各種聲音及意見表達出來，使大眾不致視野過於偏狹，更期望能讓民眾互相關懷。《自由時代》週刊具有高度使命感，期許自身能夠擴大視野及觸角，致力於把雜誌辦得有如 TIME 與 NEWSWEEK 那樣的具可讀性。《自由時代》週刊也不希望單打獨鬥，而是期待黨外至少能辦出七份周刊輪流上市，以打破國民黨多年來對言論自由的壓制。[7]唯有言論自由的暢通，才能讓所有自由思潮的論述都順利的發展。

　　《自由時代》週刊在創刊號中所追求的言論自由，加上鄭南榕自焚事件的刺激，使得這個刊物成為「言論自由」的同義詞。換句話說，在場外雜誌場域中，《自由時代》以百分之百的言論自由為重要的理想，不斷的提升該雜誌在黨外雜誌場域發展中的地位，也奠定在這個時期重要的領導位置。而《自由時代》週刊追求言論自由的論調始終如一，即使在停刊啟示中，仍自我表述了這個特色。因此，《自由時代》週刊的自由言論地位殆無

---

[6] 編輯室，〈編輯室報告〉，載於《自由時代》週刊第 1 期，臺北：自由時代雜誌社，1984 年 3 月 12 日，頁 1。

[7] 編輯室，〈編輯室報告〉，載於《自由時代》週刊第 1 期，臺北：自由時代雜誌社，1984 年 3 月 12 日，頁 1。

疑義。只是，本書認為《自由時代》週刊也同時突顯了其他層面的自由主張。這些主張其實都代表一種「空間」上的自由開放，無論是集會、遊行、行動，或是言論、政治、經濟上的空間。然而這些空間的開放，通常象徵權力的運作與對抗。時值今日，《自由時代》週刊內的多重自由議題主張仍深具啟發性。隨著鄭南榕的自焚，以身殉道的結果，讓《自由時代》週刊在追求自由的道路上達到歷史的高峰。如今「自由巷」已誕生，「南榕廣場」也終獲結果。本書宏觀考察《自由時代》週刊的自由議題類型，也期待在此基礎上將來能細析這些議題的歷史淵源與影響，特別是鄭南榕本身的後續效應，如今仍然對臺灣具有高度影響力，而且這個影響還在擴張。

　　相較於《自由時代》對國家前途與社會改造形成的影響，《婦女新知》在社會改造方面也不遑多讓。沒有人能夠否定婦女新知基金會與婦女新知雜誌社在，臺灣婦權發展史上的重要地位。婦女新知基金會追求女性在各領域的權利與自由，在臺灣具有舉足輕重的地位，尤其雜誌社所衍生的刊物《婦女新知》，對於臺灣婦權運動的知識傳播與追求婦權的助益有目共睹。

　　從婦女新知基金會、婦女新知雜誌社到《婦女新知》的出刊來看，象徵著臺灣婦權意識的運動軌跡。回顧自 1987 年以來的婦女新知基金會活動，能發現其對於婦權議題的多元關注。例如 1983 年的「8338 婦女週」、1984 年的「婦女性騷擾問題」、1989 年的「男女工作平等法」草案等，都是針對性別平權議題的長期抗戰。本文從《婦女新知》追求女性在戒嚴時代與社會封閉下，面對各種處境所生產的議題進行考察。《婦女新知》象徵女性議題在黨外雜誌場域的不曾缺席。

　　社會的空間是由許多場域的存在而結構化的，這些場域如同市場一樣，進行多重的特殊資本競爭。場域可視為地位結構的空間，而其地位與彼此的關係是決定各種資本或資源的分配，各場域都是競爭的場所，涉入其中的行動主體均試圖維繫或改變資本的分配形式。[8]也正因如此，戒嚴時

8　詳見應鳳凰，《五〇年代臺灣文學論集——戰後第一個十年的臺灣文學生態》，臺北：春暉出版社，2004 年。

代的臺灣黨外民主運動與自由思潮的主流，顯然缺乏了女性主義的聲音，
而《婦女新知》則輕而易舉的佔據了這個發聲位置，並成為這個場域的代
言人。黨外雜誌場域，由於性別意識的匱乏，因此《婦女新知》將自身擺
放在黨外雜誌的發行道路上時，在沒有任何競爭者的情況下，便擁有黨外
雜誌場域中的女權自由領導地位。《婦女新知》的自由議題，包括了女性參
政、女性主義與女性自身權益等方面，場域領導者李元貞也受到《美麗島》
中呂秀蓮的影響，打開了女權的街頭運動時代。

　　范雲認為 1980 年代臺灣婦女運動的領導者有教育和階級的優勢，這些
領導者選擇以基金會等無須草根動員的組織模式，使運動路線偏向社會服
務與立法。[9]而從《婦女新知》當中的自由議題來看，確實李元貞也多以女
性自身相關的社會問題為出發點，進行女權保障的論述；再加上尤美女的
法律專業，讓許多的女性權益受損情況和衍生的法律問題，多半都以專欄
的方式提供見解，使得女權運動能夠有確實的法律脈絡能夠依循，也開拓
了臺灣女權的新空間和新局面。

五、自由場域發展現代詩的自主脈絡

　　古添洪曾對臺灣現代詩的分期提出看法。古天洪認為臺灣現代詩的建
立，主要是從日本殖民時期 1920 年代開始算起，一直到 1950 年代的「現
代派」運動。臺灣現代詩史發展的主要軌跡，是從白話詩逐漸演化成富有
現代精神的「現代詩」。而到了 1950 年代除了反共之外，也開始走向 1960
年代的現代主義時期，到了 1970 年的鄉土文學運動後，1970 年代成為鄉
土詩與現實主義時期。因此，臺灣現代主義詩的前期，是指鄉土文學之前
以超現實主義等前衛詩派為主導的「現代主義」運動；而臺灣現代主義詩

9　范雲(2003)〈政治轉型過程中的婦女運動：以運動者及其生命傳記背景為核心的分析取向〉，《臺
　灣社會學第五期》，第五期，頁 133-194。

的後期是指「現代主義」與「鄉土寫實」的結合。最後的發展階段，為
1980年代至今的「後現代主義」與多元發展期。[10]從古添洪的分類與描述，
可以了解到臺灣現代詩的脈絡，在日治時期為現代派運動，戰後1950年代
為反共與現代主義準備期，1960年代為超現實主義的現代主義期，1970
年代為現代主義與鄉土寫實期，1980年代後為後現代主義多元發展期。

　　這樣的現代詩脈絡，不但清楚的體現出臺灣現代詩主流的發展，也代
表臺灣的現代詩是往現代主義發展，在進入後現代主義的進程。不過，這
與黨外雜誌現代詩的脈絡有不小的差距。1950年代的《自由中國》出現了
數首與「自由」有關的詩作，這些以「自由」為題的現代詩，和官方所提
倡的「反共愛國文學」相去甚遠，具有鮮明的「非官方色彩」。此外，亦有
描繪臺灣在地的本土詩作、旅遊詩、以及余光中等人的浪漫派抒情詩。從
1950年代橫跨至1960年代的《文星》，地平線詩選，幾乎都是現代詩的主
流浪漫派為開展。而1980年代復刊號《文星》已經找不到余光中發表的身
影，另外發展出關注中國當代詩人、重視女詩人與發展小詩運動的情況。
而自1970年代末期橫跨至1980年代的《八十年代》，則表現出對於黨外運
動者的感懷，可以算是另類的政治詩。1980年代中期後的《婦女新知》，
則以推動女性文學為主。《婦女新知》在推動女性藝術時，將攝影與現代詩
的寫作結合起來。當中最為大宗者，首推簡扶育的「攝影與詩」系列，為
一幅攝影搭配一首現代詩創作。而李元貞以詩評家的角度，將臺灣現代女
詩人群視為一個大的創作場域。在這個場域之中，多數的女詩人則以「愛
情」為書寫主題。黨外雜誌中的現代詩，顯然與主流詩壇有所不同，自成
一發展脈絡。

　　本書觀察黨外雜誌內的自由論述與現代詩，一方面呈現黨外雜誌中所
刊載的自由論述之多元精神，另一方面突顯黨外雜誌中現代詩的自主脈
絡。臺灣戰後的現代詩論戰與鄉土文學論戰，以及九〇年代文學論戰的爆

---

[10] 詳見古添洪，〈臺灣現代詩的外來「影響」面向——歐美現代詩潮的接受／挪用／與本土化〉，
　　《臺灣現當代詩史書寫研討會論文集》，臺北：世新大學英文系，2001年，頁31-71。

發，相信與人文自由主義思潮有相當之關係。而現代詩此文類在臺灣的文學論戰中向來咸少缺席，加上在黨外雜誌所提供的發表園地，使得現代詩呈現特殊的時代樣貌。因此，本書特別關注戒嚴時期黨外雜誌現代詩的發展脈絡。黨外雜誌的自由論述，表現出知識分子勇諫政府邁向自由民主、文化議題隨時代變遷連動、自由思潮促使社會運動發展、言論自由與女性權益空間的拓展。而在黨外雜誌自由場域中發展的現代詩，表現出與主流詩壇略有不同的自主脈絡性。若將整個戒嚴時代的黨外雜誌視為一個自由場域，這個場域有時會被壓縮，有時則很活躍的擴大。場域中不同時期的領導者，則有精神上繼承與影響的關係。本文選取具有代表性的黨外雜誌，分析當中代表性的自由論述。將來，或可從單本黨外雜誌，或單一作家，做更細微的考察。但戒嚴時代的黨外運動是一個有機而相互連動的不可分割群體，彼此間的聯繫性高，縱使進行單一黨外運動者的研究，也不免需要關照其他的黨外運動者。因此，以本文議題及論述為基礎，將來可更擴大延伸至解嚴後的在野運動刊物研究，或更緊縮議題至個體的研究。

主要參考文獻

〈八十年代被停刊一年！〉，《八十年代》（叢書）總號第 40 期，1984
    年 7 月 15 日，封底。

〈「時代」向你說謝謝，也向你說再見「自由時代週刊社」停刊啟事〉，
    載於《自由時代》週刊 302 期，臺北：自由時代雜誌社，1989 年 11
    月 11 日。資料來源：大鐸資訊「臺灣自由時代週刊電子版資料庫」。

〈閩變始記〉，《文星》，臺北：文星書店，1962 年 10 月，頁 14-15。

〈廢除戒嚴令，確保自由權——美國參議員裴爾發表聲明〉，載於《自由
    時代》週刊 13 期，臺北：自由時代雜誌社，1984 年 6 月 4 日。資料
    來源：大鐸資訊「臺灣自由時代週刊電子版資料庫」。

丁威仁，《戰後臺灣現代詩史論：從現代與本土走向都市與網路》，臺中：
    印書小舖，2008。

尤美女，〈夫妻財產制的現況——你的是我的，我的還是我的〉，《婦女
    新知》第 6 期，1982 年 7 月，頁 36-38。

尤美女，〈法律：寡婦對於公婆之遺產並無代位繼承權〉，《婦女新知》
    第 23 期，1984 年 1 月，頁 43。

尤美女，〈法律專欄 子女不能從母姓〉，《婦女新知》第 9 期，1982 年
    10 月，頁 16-17。

尤美女，〈法律專欄 父親乎？禽獸乎？〉，《婦女新知》第 4 期，19825
    年 5 月，頁 21-23。

尤美女，〈法律專欄 妾身未明〉，《婦女新知》第 8 期，1982 年 9 月，
    頁 16-17。

尤美女，〈法律專欄 離婚登記〉，《婦女新知》第 10 期，1982 年 17 月，
　　頁 28-29。

尤美女，〈法律專欄 騙婚〉，《婦女新知》第 7 期，1982 年 8 月，頁 29-30。

尤美女，〈法律專欄 警告逃妻〉，《婦女新知》第 5 期，1982 年 6 月，
　　頁 25-27。

尤美女，〈法律專欄——打開天窗談私房錢〉，《婦女新知》第 35 期，1985.
　　年 4 月，頁 4。

尤美女，〈法律專欄——女性勞工別在勞動基準法上睡覺〉，《婦女新知》
　　第 29 期，1984 年 10 月，頁 3。

尤美女，〈法律專欄——悔不當初〉，《婦女新知》第 13 期，1983 年 3
　　月，頁 46-49。

尤美女，〈法律常識——使我們更有信心〉，《婦女新知》第 3 期，1982
　　年 4 月，頁 4-5。

尤美女，〈法律對性騷擾的制裁〉，《婦女新知》第 25 期，1984 年 3 月，
　　頁 30-35。

尤美女，〈法律觀點：「彈性工作時制」、「部分時間工作制」及「共職
　　制度」應予以提倡〉，《婦女新知》第 27 期，1984 年 5 月，頁 23-24。

尤美女，〈法律觀點：不結婚亦可收養子女〉，《婦女新知》第 18 期，1983
　　年 8 月，頁 27。

尤美女，〈法律觀點：可否以被詐欺為由撤銷婚姻〉，《婦女新知》第 20
　　期，1983 年 10 月，頁 30-31。

尤美女，〈法律觀點：民法片面不貞抗辯應廢止〉，《婦女新知》第 26
　　期，1984 年 4 月，頁 37-38。

尤美女，〈法律觀點：如何辦理夫妻分別財產制〉，《婦女新知》第 21
　　期，1983 年 11 月，頁 39-40。

尤美女，〈法律觀點：姑息不是睦鄰〉，《婦女新知》第 22 期，1983 年
　　12 月，頁 31-32。

尤美女，〈法律觀點：為私房錢正名〉《婦女新知》第 16 期，1983 年 6 月，頁 18。

尤美女，〈法律觀點：踏入社會的第一步——簽定雇傭契約〉，《婦女新知》第 24 期，1984 年 2 月，頁 36-37。

尤美女，〈法律觀點：讓「嫁出去的女兒，潑出去的水」的觀念成為歷史陳跡〉，《婦女新知》第 19 期，1983 年 9 月，頁 32-33。

尤美女，〈孩子監護權的效力〉，《婦女新知》第 12 期，1983 年 1 月，頁 36-37。

尤美女，〈家庭主婦在法律上應有的地位〉，《婦女新知》第 34 期，1985 年 3 月，頁 2。

尤美女，〈專題——社會變遷中的主婦角色 5.法律觀點：為私房錢正名〉，《婦女新知》第 16 期，1983 年 6 月，頁 18。

尤美女，〈從事義工收穫多〉，《婦女新知》第 28 期，1984 年 6 月，頁 22-26。

尤美女，〈從法律觀點看職業婦女之產假 哺乳及托兒〉，《婦女新知》第 17 期，1983 年 7 月，頁 26-27。

尤美女，〈從法律觀點透視——轉型期中臺灣婦女的角色與困境〉，《婦女新知》第 36 期，1985 年 5 月，頁 4。

方瑄，〈性別‧權力‧啟蒙：《婦女新知》中的女性關懷（1982-2008）〉，國立臺灣師範大學歷史學系碩士論文，2009 年。

毛子水，〈胡適之先生哀詞〉，《文星》，臺北：文星書店，1962 年 3 月 1 日，頁 4。

毛子水，〈胡適傳〉，《文星》，臺北：文星書店，1963 年 3 月，頁 19-27。

王仁惠，〈走出成長、知識、兩性關係的象牙塔——訪「婦女新知」副董事長尤美女律師〉，《律師通訊》第 137 期，1990 年，頁 41-48。

王洪鈞，〈胡適先生的民主修養〉，《文星》，臺北：文星書店，1963 年 3 月，頁 11-12。

王洪鈞〈我們應該趕過他〉，《文星》，臺北：文星書店，1962 年 3 月 1
　　日，頁 11。

王瑞香，〈暗夜之後是否有黎明？——試評李昂「暗夜」中的女性〉，《婦
　　女新知》第 50 期，1986 年 7 月，頁 8-11。

王蘋、丁乃非、倪家珍、隋炳珍，〈誰的基金會、什麼樣的運動？——夾
　　在歷史和社會變革關口上的「婦女新知」〉，《當代》第 127 期，1998
　　年，頁 90-96。

包奕明，〈中國文化問題的關鍵〉，《文星》，臺北：文星書店，1962 年
　　6 月，頁 6-18。

古添洪，〈臺灣現代詩的外來「影響」面向——歐美現代詩潮的接受／挪
　　用／與本土化〉，《臺灣現當代詩史書寫研討會論文集》，臺北：世
　　新大學英文系，2001 年，頁 31-71。

史晶晶，〈殺夫與不歸路中的女性意識〉，《婦女新知》第 27 期，1984
　　年 5 月，頁 42-47。

史晶晶，〈評陶馥蘭舞展——白日夢連作〉，《婦女新知》第 23 期，1987
　　年 10 月，頁 5-6。

史晶晶，〈夐虹詩裏的愛情境界　兩首肯定愛情的好詩〉，《婦女新知》第
　　2 期，1982 年 3 月，頁 33-36。

布爾迪厄、華康德，《實踐與反思——反思社會學導引》，中國北京：中
　　央編譯局出版社，1998 年，頁 134。

本刊，〈大城小調——臺北：警總豐收，雜誌遭殃〉，《前進世界》第 11
　　期，頁 46。

本刊，〈小地盤，大機構〉，《自由中國》第 17 卷第 8 期，1958 年 1 月，
　　頁 3-4。

本刊，〈今天的立法院〉，《自由中國》第 17 卷第 11 期，1958 年 4 月，
　　頁 3-7。

本刊，〈反攻大陸問題〉，《自由中國》第 17 卷第 3 期，1957 年 8 月，
　　頁 5-7。

本刊，〈反對黨問題〉，《自由中國》第 18 卷第 4 期，1958 年 9 月，頁
　　3-4。

本刊，〈本刊同時獲得人權獎及停刊處分〉，載於《自由時代》週刊 301
　　期，臺北：自由時代雜誌社，1989 年 11 月 4 日。資料來源：大鐸資
　　訊「臺灣自由時代週刊電子版資料庫」。

本刊，〈我們的中央政制〉，《自由中國》第 17 卷第 9 期，1958 年 2 月，
　　頁 3-5。

本刊，〈我們的地方政制〉，《自由中國》第 17 卷第 10 期，1958 年 3 月，
　　頁 3-5。

本刊，〈我們的軍事〉，《自由中國》第 17 卷第 4 期，1957 年 9 月，頁
　　3-4。

本刊，〈我們的財政〉，《自由中國》第 17 卷第 5 期，1957 年 10 月，頁
　　3-5。

本刊，〈我們的教育〉，《自由中國》第 18 卷第 2 期，1957 年 12 月，頁
　　3-4。

本刊，〈我們的新聞自由〉，《自由中國》第 17 卷第 12 期，1958 年 5 月，
　　頁 3-6。

本刊，〈我們的經濟〉，《自由中國》第 17 卷第 6 期，1957 年 11 月，頁
　　3-7。

本刊，〈近年的政治心理與作風〉，《自由中國》第 18 卷第 3 期，1958
　　年 8 月，頁 3-5。

本刊，〈青年反共救國團問題〉，《自由中國》第 18 卷第 1 期，1958 年 6
　　月，頁 5-7。

本刊，〈青年反共救國團問題〉，《自由中國》第 18 卷第 1 期，1958 年 7
　　月，頁 5-7。

本刊，〈是什麼，就說什麼〉，《自由中國》第 17 卷第 3 期，1957 年 8
    月，頁 3-4。

本刊，〈美援運用問題〉，《自由中國》第 17 卷第 7 期，1957 年 12 月，
    頁 3-5。

本社，〈沒有改革就沒有前途──雙十國慶感言〉，《美麗島》第 3 期，
    1979 年 10 月，頁 6-7。

田奇，〈談女明星的犧牲色相〉，《婦女新知》第 13 期，1983 年 3 月，
    頁 70-71。

田尚明，〈談胡適在「新青年」發表的信和文〉，《文星》，臺北：文星
    書店，1962 年 5 月，頁 14-16。

林永豐、晏涵文、尤美女新知工作室聯名發表，〈性騷擾座談會報導 3〉，
    《婦女新知》第 11 期，1982 年 12 月，頁 37-43。

任育德，《雷震與臺灣民主憲政的發展》，臺北：政大史學叢書，1999，
    頁 77。

伍之臨，〈女性主義知多少〉，《婦女新知》第 16 期，1983 年 6 月，頁
    28-31。

安俐、鄭瑞寶、鄭清文、小蓉、陳東平等人訪談，〈大家談：私房錢面面
    觀〉，《婦女新知》第 16 期，1983 年 6 月，頁 15-17。

朱文長，〈胡適之先生〉，《文星》，臺北：文星書店，1963 年 3 月，頁
    13-14。

朱恩伶，〈跳出臺灣女性的新經驗──專訪陶馥蘭〉，《婦女新知》第 65
    期，1970 年 10 月，頁 1-4。

江宜樺，《自由主義、民族主義與國家認同》，臺北：揚智文化，1998 年。

江宜樺，《自由民主的理路》，臺北：聯經出版社，2001 年 9 月 15 日，
    頁 290。

江詩菁，〈另一種聲音──黨外雜誌反抗國民黨「文化霸權」的發展脈絡
    (1975-1989)〉，《臺灣史料研究》第 24 期，頁 52-100。

江詩菁，〈臺灣八〇年代中國意識與臺灣意識爭奪戰：以兩大報系與黨外雜誌為分析場域（1979-1989）〉。《臺灣文化研究所學報》第 2 期，2005 年，頁 299-348。

老七譯，〈旁觀者看日本婦女〉，《婦女新知》第 23 期，1984 年 1 月，頁 47-52。

何卓恩，〈自由與平等：《自由中國》時期殷海光、夏道平對政治與經濟關係的反思〉，《思與言：人文與社會科學雜誌》49 卷 2 期，2011 年 6 月 1 日，頁 91-125。

何卓恩，《《自由中國》與臺灣自由主義思潮──威權體制下的民主考驗》，臺北：水牛出版社，2008 年。

何卓恩，《殷海光與近代中國自由主義》，中國上海：上海三聯書店，2004 年。

何信全，《戰後臺灣自由主義與新儒學的哲學論爭──當代自由主義與社群主義論爭視域下的重探》，《行政院國家科學委員會專題研究計畫成果報告》，計畫編號 NSC91-2411-H-004-012，2002 年、2003 年。

何健銘，〈《自由時代》系列雜誌與 1980 年代後期臺灣民主運動〉，國立政治大學歷史學系碩士，2015 年。

余光中，〈病室〉，《自由中國》第 3 期，1957 年 8 月，頁 25。

余光中〈中國的良心──胡適〉，《文星》，臺北：文星書店，1962 年 3 月 1 日，頁 12。

余光中的，〈歡迎中國的文藝復興〉，《文星》，臺北：文星書店，1962 年 8 月，頁 3-5。

余欣娟，〈一九六〇年代臺灣超現實詩──以洛夫、瘂弦、商禽為主〉，東海大學中國文學系碩士論文，2003 年。

吳乃德，〈自由主義和族群認同：搜尋臺灣民族主義的意識形態基礎〉，《臺灣政治學刊》創刊號，1996 年 7 月，頁 5-39。

吳叡人，〈自由的兩個概念：戰前臺灣民族運動與戰後《自由中國》集團

政治論述(上)〉，《當代》116 期，2007 年 5 月，頁 12-30。

吳叡人，〈自由的兩個概念：戰前臺灣民族運動與戰後《自由中國》集團
　　政治論述(下)〉，《當代》117 期，2007 年 6 月，頁 60-75。

呂正惠，〈余光中小論〉，《文學經典與文化認同》，臺北：九歌，1995 年，
　　頁 208。

李元貞，〈自由的女靈——談臺灣現代女詩人的突破〉，《婦女新知》第
　　60 期，1987 年 5 月，頁 2-5。

李元貞，〈性強暴的社會分析〉，《婦女新知》第 25 期，1984 年 3 月，
　　頁 23-25。

李元貞，〈缺乏兩性教育的國民教育〉，《婦女新知》第 19 期，1983 年 9
　　月，頁 24-26。

李元貞，〈高昂的三重奏——談呂秀蓮的「這三個女人」〉，《婦女新知》
　　第 39 期，1985 年 8 月，頁 2。

李元貞，〈婦女新知的回顧與前瞻〉，《女性人》第 2 期，1989 年，頁 216-222。

李元貞，〈臺灣婦運及其政治意涵(1)〉，《婦女新知》第 221 期， 2000
　　年 12 月。上網日期：2015 年 5 月 15 日，讀取自 http://www.record.
　　awakening.org.tw/resources/everything/aw_2009_AM_Article_2000_221_12_
　　13_3024.pdf。

李元貞，〈播種與茁壯：回顧 1980 年代臺灣婦運〉，《思想》第 22 期，
　　2012 年，頁 113。

李元貞，〈離婚與婚姻的品質〉，《婦女新知》第 9 期，1982 年 10 月，
　　頁 5-7。

李元貞，〈播種與茁壯：回顧 1980 年代臺灣婦運〉，《思想》第 22 期，
　　2012 年，頁 112。

李佩樺，〈非營利組織議題倡導策略及議題生命週期之研究——以婦女新
　　知基金會推動兩性工作平等法為例〉，東海大學行政管理暨政策學系
　　碩士論文，2007 年。

李宜勳，〈社福性非營利組織推動政策合法化後角色與功能之研究〉，東海大學行政管理暨政策學系碩士論文，2007 年。

李旺臺，〈野火燒不盡，春風吹又生──黨外雜誌發展史略〉，《八十年代》第 1 期，1984 年 4 月 3 日，頁 11-17。

李美枝，〈婦女成就動機與成就表現〉，《婦女新知》第 30 期，1984 年 11 月，頁 2。

李晉芳律師，〈對於胡秋原自訴誹謗案之答辯〉，《文星》，臺北：文星書店，1962 年 10 月，頁 9。

李敖，〈「文化太保」談梅毒〉，《文星》，臺北：文星書店，1962 年 8 月，頁 10-13。

李敖，〈由一絲不掛說起〉，《文星》，臺北：文星書店，1962 年 8 月，頁 32-35。

李敖，〈言論自由還是第一優先〉，載於《自由時代》週刊 267 期，臺北：自由時代雜誌社，1989 年 3 月 11 日。資料來源：大鐸資訊「臺灣自由時代週刊電子版資料庫」。

李敖，〈為「一言喪邦」舉證〉，《文星》，臺北：文星書店，1963 年 7 月，頁 7-19。

李敖，〈胡秋原的真面目〉，《文星》，臺北：文星書店，1962 年 10 月，頁 3-8。

李敖，〈胡適之與「全盤西化」──一頁思想的歷史〉，《文星》，臺北：文星書店，1962 年 2 月 1 日，頁 5-8。

李敖，〈胡適對蘇俄看法的四階段〉，《文星》，臺北：文星書店，1963 年 3 月，頁 15-18。

李敖，〈現代史辯偽方法論〉，《文星》，臺北：文星書店，1963 年 5 月，頁 4-18。

李敖，〈給談中西文化的人看看病〉，《文星》，臺北：文星書店，1962 年 2 月 1 日，頁 9-17。

李敖，〈媽媽・弟弟・電影〉，《文星》，臺北：文星書店，1962 年 6 月，
　　頁 59-60。

李敖，〈播種者胡適〉，《文星》，臺北：文星書店，1962 年 1 月 1 日，
　　頁 3-7。

李敖，〈澄清對「人身攻擊」的誤解〉，《文星》，臺北：文星書店，1962
　　年 10 月，頁 9-10。

李敖，《李敖回憶錄》，臺北：李敖出版社，1999 年，頁 194。

李敖，《李敖回憶錄》，臺北：李敖出版社，1999 年，頁 197-198。

李敖〈為「播種者胡適」翻舊帳〉，《文星》，臺北：文星書店，1962 年
　　3 月 1 日，頁 56-63。

李敖〈胡適先生走進了地獄〉，《文星》，臺北：文星書店，1962 年 3 月
　　1 日，頁 9。

李敖的〈我要繼續給人看看病〉，《文星》，臺北：文星書店，1962 年 4
　　月 1 日，頁 7-15。

李淑君，〈黨外女性的他者敘述與自我敘述：民主與性別的歧義分析〉。
　　成功大學臺灣文學系博士論文，2011 年。

李彭齡的〈從「一無所知」「有無靈性」為胡適先生辯誣〉，《文星》，
　　臺北：文星書店，1962 年 4 月 1 日，頁 24-28。

李福鐘，〈自由民主的基本概念導論〉，收錄於李福鐘、薛化元、　孫善豪、
　　陳儀深、潘光哲，臺北：稻鄉出版社，2003 年 11 月，頁 XII-XXVII。

李瓊月，〈「正式人口販賣──關懷雛妓」座談紀錄　救她們出火坑！〉，
　　《婦女新知》第 58 期，1987 年 3 月，頁 14-19。

李瓊月，〈婦女的政治參與──梁雙蓮主講〉，《婦女新知》第 21 期，1983
　　年 11 月，頁 44-47。

沈超群，〈白色恐怖與新聞自由──政經氛圍與黨外雜誌傳承的系譜
　　（1950-1980）〉，《史轍：東吳大學歷史學系研究生學報》第 3 期，
　　2007 年 7 月，頁 141。

沈超群，〈白色恐怖與新聞自由——政經氛圍與黨外雜誌傳承的系譜
　　（1950-1980）〉，《史轍：東吳大學歷史學系研究生學報》第 3 期，
　　2007 年 7 月，頁 141-180。

阮美慧，《戰後臺灣「現實詩學」研究——以笠詩社為考察中心》，臺北：
　　臺灣學生書局，2008 年。

周伯倫，〈不爭「新聞自由」，那有「新聞週刊」？〉，載於《自由時代》
　　週刊 49 期，臺北：自由時代雜誌社，1985 年 4 月 11 日。資料來源：
　　大鐸資訊「臺灣自由時代週刊電子版資料庫」。

孟戈，〈鄭學稼腦袋裡的東西〉〉，《文星》，臺北：文星書店，1962 年
　　67 月，頁 26

孟戈，〈接過棒子來，跑吧！〉，《文星》，臺北：文星書店，1962 年 4
　　月 1 日，頁 37-38。

居浩然，〈人身攻擊與詭計〉，《文星》，臺北：文星書店，1962 年 9 月，
　　頁 35。

居浩然，〈恭賀新禧〉，《文星》，臺北：文星書店，1962 年 1 月 1 日，
　　頁 7-8。

居浩然，〈從門德雷夫的週期表說起〉，《文星》，臺北：文星書店，1962
　　年 7 月，頁 14-17。

居浩然，〈西化與復古〉，《文星》，臺北：文星書店，1962 年 4 月 1 日，
　　頁 4-6。

東方望，〈也算「微詞」〉，《文星》，臺北：文星書店，1962 年 4 月 1
　　日，頁 29-36。

林立強，〈臺灣八〇年代政治詩研究〉，國立臺北教育大學臺灣文化研究
　　所碩士論文，2008 年。

林振平，〈七十年代「臺灣意識」論述探求——以《大學雜誌》、《臺灣
　　政論》、《美麗島》三本雜誌為中心〉，國立臺灣師範大學中文系碩
　　士論文，2004 年。

林淇瀁，〈意識形態・媒介與權力：《自由中國》與五〇年代臺灣政治變
　　遷之研究〉，國立政治大學新聞學系博士論文，2003 年。

林淇瀁，〈新聞自由的苦鬥——以雷震與《自由中國》對出版法修正案的
　　論述為例〉，發表於「雷震與基本人權座談會」，地點：臺北公務人
　　力發展中心，2007 年 12 月 9 日，頁 3。

林清芬，〈一九八〇年代初期臺灣黨外政論雜誌查禁之探究〉，《國史館
　　學術集刊》第 5 期，2005 年 3 月 1 日，頁 253。

林雯，〈黨外雜誌與民族主義——七、八〇年代臺灣的民族主義論述〉，
　　東吳大學社會學系碩士論文，2001 年。

林實芳，〈婦運與同運的有志「異」「同」：以婦女新知基金會的倡議歷
　　史為例〉，《婦研縱橫》第 99 期，2013 年，頁 32-41。

侯作珍，〈自由主義傳統與臺灣現代主義文學的崛起〉，中國文化大學中
　　文系博士論文，2003 年。

柯琴，〈往事不堪回首——也談性騷擾〉，《婦女新知》第 25 期，1984
　　年 3 月，頁 26-29。

洪成完，〈玄學英雄底狂想曲〉，《文星》，臺北：文星書店，1962 年 4
　　月 1 日，頁 20-23。

洪春柳，〈中美斷交後國內政論內容分析：《黃河》、《中國論壇》、《八
　　十年代》分析比較〉，臺北：中國文化大學政治學研究所碩士論文，
　　1983 年。

秋慟，〈孫中山先生「政黨」理念的踐行、挫折、復興和實現〉，《美麗
　　島》第 3 期，1979 年 10 月，頁 10-13。

胡秋原，〈超越傳統派西化派俄化派前進〉，《文星》，臺北：文星書店，
　　1962 年 1 月 1 日，頁 9-19。

胡秋原〈由精神獨立到新文化之創造——再論超越前進〉，《文星》，臺
　　北：文星書店，1962 年 3 月 1 日，頁 20-38、頁 43-48(接續)。

胡秋原〈倒在戰場上的老將軍〉，《文星》，臺北：文星書店，1962 年 3
　　月 1 日，頁 8-9。

胡啟明訪問，〈八十年代雜誌社對「查扣事件」的說明〉，《民主人》
　　第 5 期，1983 年 4 月 1 日，頁 28-29。

胡漢民，〈招致外寇，煽揚赤焰〉，《文星》，臺北：文星書店，1962 年
　　10 月，頁 18。

胡適，〈「自由中國」雜誌三週年紀念會上致詞〉，《自由中國》第 7 卷
　　第 12 期，1952 年 12 月，頁 4-5。

胡適，〈「寧鳴而死，不默而生」〉，《自由中國》第 12 卷第 7 期，1955
　　年 4 月，頁 5-6。

胡適，〈丁文江留英紀實〉，《自由中國》第 14 卷第 9 期，1956 年 9 月，
　　頁 7-8。

胡適，〈十年來中美關係急趨惡化的原委〉，《自由中國》第 5 卷第 5 期，
　　1951 年 9 月，6-7。

胡適，〈三百年來世界文化的趨勢與中國應採取的方向〉，《自由中國》
　　第 8 卷第 3 期，1953 年 2 月，頁 4-6。

胡適，〈中國古代政治思想史的一個看法〉，《自由中國》第 10 卷第 7
　　期，1954 年 4 月，頁 6-10。

胡適，〈介紹一本最值得讀的自傳〉，《自由中國》第 12 卷第 1 期，1955
　　年 1 月，頁 5-7。

胡適，〈充分世界化與全盤西化〉，《胡適與中西文化》，臺北：水牛出
　　版社，頁 139-140。　李敖，《李敖回憶錄》，臺北：李敖出版社，1999
　　年，頁 193。

胡適，〈民主與極權的衝突〉，《自由中國》第 1 卷第 1 期，1949 年 11
　　月，頁 5-8。

胡適，〈共產黨統治下決沒有自由〉，《自由中國》第 2 卷第 3 期，1960
　　年 9 月，頁 3-4。

胡適，〈明清名賢百家書札真迹序〉，《自由中國》第 10 卷第 12 期，1956
    年 6 月，頁 23。

胡適，〈東亞的命運〉，《自由中國》第 8 卷第 1 期，1953 年 1 月，頁 4。

胡適，〈林肯一百五十年的生日紀念〉，《自由中國》第 20 卷第 4 期，1959
    年 2 月，頁 8。

胡適，〈科學發展所需要的社會改革〉，《文星》，臺北：文星書店，1961
    年 12 月 1 日，頁 5-6。

胡適，〈胡適之先生的一封信〉，《自由中國》第 14 卷第 8 期，1956 年 4
    月，頁 33。

胡適，〈致本社的一封信〉，《自由中國》第 5 卷第 5 期，1951 年 9 月，
    頁 5。

胡適，〈述艾森豪總統的兩個故事 蔣總統祝壽〉，《自由中國》第 15 卷
    第 5 期，1957 年 3 月，頁 8。

胡適，〈容忍與自由〉，《自由中國》第 20 卷第 6 期，1959 年 3 月，頁 7。

胡適，〈記美國醫學教育與大學教育的改造者弗勒斯納先生〉，《自由中
    國》第 21 卷第 10 期，1959 年 11 月，頁 18-19。

胡適，〈追念吳稚暉先生〉，《自由中國》第 10 卷第 1 期，1954 年 1 月，
    頁 5-6。

胡適，〈國際形勢與中國前途〉，《自由中國》第 7 卷第 12 期，1952 年
    12 月，頁 6-9。

胡適，〈從「到奴役之路」說起〉，《自由中國》第 10 卷第 6 期，1954
    年 3 月，頁 4。

胡適，〈梁任公先生年譜長編初稿序〉，《自由中國》第 19 卷第 02 期，
    1958 年 7 月，頁 10-11。

胡適，〈給本社編輯委員會一封信〉，《自由中國》第 20 卷第 7 期，1959
    年 4 月，頁 13。

胡適，〈虛雲和尚年譜討論〉，《自由中國》第 21 卷第 12 期，1959 年 12

月，頁 6-7。

胡適，〈福建大變局〉，《文星》，臺北：文星書店，1962 年 10 月，頁
　　17-18。

胡適，〈赫爾躍靜錄序〉，《自由中國》第 20 卷第 6 期，1960 年 3 月，
　　頁 6-8。

胡適，〈論初唐盛書還沒有雕板書〉，《自由中國》第 21 卷第 1 期，1959
　　年 7 月，頁 7-9。

胡適，《留學日記》，臺北：遠流出版，1986 年，頁 3-5。

胡適演講，楊欣泉紀錄，〈「容忍與自由」〉，《自由中國》第 21 卷第
　　11 期，頁 6-8。

范雲，〈政治轉型過程中的婦女運動：以運動者及其生命傳記背景為核心
　　的分析取向〉，《臺灣社會學第五期》，第五期，頁 133-194。

范碧玲採訪，〈李元貞談現存的性別體系、臺灣的婦女運動、「婦女新知」
　　的推行〉，《中國論壇》第 347 期，1990 年，頁 49-57。

范碧玲採訪整理，〈李元貞談現存的性別體系、臺灣的婦女運動、「婦女
　　新知」的推行〉，《中國論壇》，29 卷 11 期，1990 年 3 月，頁 49-57。

孫德中，〈紀念胡適之先生逝世週年〉，《文星》，臺北：文星書店，1963
　　年 3 月，頁 5-10。

徐復觀，〈一個偉大書生的悲劇──哀悼胡適之先生〉，《文星》，臺北：
　　文星書店，1962 年 2 月 1 日，頁 6。

徐復觀，〈過份廉價的中西文化問題──答黃富三先生〉，《文星》，臺
　　北：文星書店，1962 年 3 月 1 日，頁 49-55。

徐慎恕，〈「婦女成長團體」的意義〉，《婦女新知》第 38 期，1985 年 7
　　月，頁 4。

殷海光，〈民族戰爭呢？還是社會戰爭？〉，《自由中國》第 2 卷第 1 期，
　　頁 11-13。

殷海光，〈共黨為什麼清算胡適思想〉，《自由中國》第 20 卷第 6 期，頁

14。

殷海光，〈自由主義底蘊涵〉，《自由中國》第 3 卷第 3 期，頁 7-8。

殷海光，〈自由主義底蘊涵〉，《自由中國》第 3 卷第 4 期，頁 10-13。

殷海光，〈我對於在野黨的基本建議〉，《自由中國》第 23 卷第 2 期，頁
　　7-13。

殷海光，〈思想自由與自由思想〉，《自由中國》第 1 卷第 1 期，頁 14-15。

殷海光，〈創設講理俱樂部〉，《自由中國》第 19 卷第 2 期，頁 14-17

殷海光，〈戰爭與自由〉，《自由中國》第 2 卷第 3 期，頁 5-7。

翁秀琪，〈集體記憶與認同構塑——以美麗島事件為例〉，《新聞學研究》
　　第 68 期，2011 年，頁 117-149。

婦女新知雜誌社，〈未婚媽媽的問題呼籲立法院注意：墮胎合法化應當首
　　列「時間合法化的條件」〉，《婦女新知》第 1 期，1982 年 2 月，頁
　　9-11。

婦女新知雜誌社，〈社論——看看美國，看看我們自己　談選舉中的婦女問
　　題〉，《婦女新知》第 31 期，1984 年 12 月，第一版。

婦女新知雜誌社，〈團結起來解決雛妓問題〉，《婦女新知》第 57 期，1987
　　年 1 月，頁 4-7。

張佛泉，〈西化問題之批判〉，《文星》，臺北：文星書店，1962 年 6 月，
　　頁 19-22。

張季鸞，〈閩變之又一教訓〉，《文星》，臺北：文星書店，1962 年 10
　　月，頁 16-17。

惜夢，〈自由的謳歌〉，《自由中國通訊》第 8 期，1951 年 10 月，頁 24。

晚亭，〈還我們的姐妹來〉，《婦女新知》第 57 期，1987 年 1 月，頁 9-10。

曹愛蘭，〈婦女性騷擾問卷調查初步報告〉，《婦女新知》第 25 期，1984
　　年 1 月，頁 19-22。

曹愛蘭，〈薪資平等和工作比較值〉，〈新女性主義的拓荒者呂秀蓮〉，

《婦女新知》第 44 期，1986 年 1 月，頁 2。

梁容若，〈如何奠定現代文化基礎〉，《文星》，臺北：文星書店，1962
　　年 5 月，頁 7-8。

梁雲坡，〈自由的寓言〉，《自由中國》第 7 期，1951 年 10 月，頁 27。

梁實秋，〈「但恨不見替人！」〉，《文星》，臺北：文星書店，1962 年
　　3 月 1 日，頁 5。

許登源，〈談人身攻擊〉，《文星》，臺北：文星書店，1962 年 10 月，
　　頁 11-12。

許登源的〈從超越前進到狂妄〉，《文星》，臺北：文星書店，1962 年 4
　　月 1 日，頁 16-19。

許菁娟譯，小山三郎著，〈《自由中國》知識分子的政治與文學——關於
　　他們的批判性文學精神〉，《臺灣師大歷史學報》第 31 期，2003 年 6
　　月，頁 171-194。

郭美瑾，〈家庭主婦行業觀〉，《婦女新知》第 16 期，1983 年 6 月，頁
　　8-10。

陳文成，〈臺灣現代詩的政治書寫〉，佛光大學文學系博士論文，2009 年。

陳正然，〈臺灣五〇年代知識分子的文化運動——以「文星」為例〉，國
　　立臺灣大學社會所碩士論文，1985 年。

陳立峰〈胡適死了，「胡適思想」仍然活著！〉，《文星》，臺北：文星
　　書店，1962 年 3 月 1 日，頁 3。

陳芳明，〈國民意識：臺灣自由主義的舊傳說與新思考〉，收錄於《殖民
　　地摩登：現代性與臺灣史觀》，臺北：麥田，2004 年，頁 347-369。

陳秋德，〈非常局面下，省議員所為何事？——從「十大省議員」選拔談
　　起〉，《美麗島》第 2 期，1979 年 9 月，頁 20-21。

陳惠珍，〈婦女與政治——政治的可親性〉，《婦女新知》第 60 期，1987
　　年 5 月，頁 10。

陳華，〈香港人看選美〉，《婦女新知》第 53 期，1986 年 9 月，頁 7-8。

陳雅惠，〈運動刊物中性別論述的演變──《婦女新知》的語藝觀察〉，
　　輔仁大學大眾傳播學研究所碩士論文，2000 年。

彭明敏文教基金會編，《臺灣自由主義的傳統與傳承：紀念「臺灣自救宣
　　言」三十週年研討會論文集》，臺北：彭明敏文教基金會，1995 年。

曾于倫，〈婦女新知基金會女性志工之性別意識發展與日常生活實踐〉，
　　國立政治大學社會工作研究所碩士論文，2010 年。

曾綺華整理，〈什麼是女性主義〉，《婦女新知》第 51 期，1986 年 8 月，
　　頁 9-11。

賀姍，〈新女性主義的拓荒者呂秀蓮〉，《婦女新知》第 23 期，1984 年 1
　　月，頁 45-46。

馮建三，〈政論雜誌讀者型態的比較分析〉，臺北：國立政治大學新聞學
　　研究所碩士論文，1983 年。

黃妮娜，〈化妝品使人更美嗎？〉，《婦女新知》第 8 期，1982 年 9 月，
　　頁 40。

黃國彥，〈青少年的性知識與態度〉，《婦女新知》第 25 期，1984 年 3
　　月，頁 36-39。

黃富三，〈「妙論」與「謬論」〉，《文星》，臺北：文星書店，1962 年
　　4 月 1 日，頁 43-54。

黃樺，〈女中豪傑葉陶女士〉，《婦女新知》第 22 期，1983 年 12 月，37-38。

黃樺，〈強暴犯的行為模式〉，《婦女新知》第 25 期，1984 年 3 月，頁
　　9-12。

黃樺，〈瘦美人與餓死症〉，《婦女新知》第 10 期，1982 年 11 月，頁 10-12。

黃瀚儀，〈臺灣「監督國會」的發展：代議民主再思考〉。臺灣大學政治
　　學研究所碩士論文，2005 年。

黃寶實，〈弭兵停戰議〉，《文星》，臺北：文星書店，1962 年 5 月，頁
　　80。

慎恕，〈我把主婦的工作當職業〉，《婦女新知》第 16 期，1983 年 6 月，

頁 13-14。

楊宗翰，《臺灣新詩評論：歷史與轉型》，臺北：新銳文化，2012 年，頁 150-151。

楊貞德，〈進化與自由——胡適自由主義中的歷史觀及其意涵〉，《中國文哲研究集刊》第 14 期臺北：中研院文哲所，1999，頁 257-324。

楊軍中譯，R.G.Collingwood 英譯，Guido de Ruggiero 著，《歐洲自由主義史》，中國吉林：吉林人民出版社，2011 年，頁 49-55。

楊桂果整理，劉亞蘭與錢永祥主持，黃長玲、顏厥安、蘇芊玲、陳昭如、陸品妃、謝園等人對談，〈女權運動與自由主義思潮的對話〉，《思想》第 23 期，2013 年，頁 135-174。

楊麗秀，〈主婦一直都在工作〉，《婦女新知》第 16 期，1983 年 6 月，頁 10-12。

溫源寧，〈胡適之〉，《文星》，臺北：文星書店，1963 年 3 月，頁 12-13。

葉一鳳，〈謾罵不能推行西化〉，《文星》，臺北：文星書店，1962 年 5 月，頁 11。

葉公超，〈深夜懷友〉，《文星》，臺北：文星書店，1962 年 3 月 1 日，頁 5-6。

葉盈蘭，〈婦運團體挑戰國家機器與市場的例證：以婦女新知推動「兩性工作平法」為例〉。政治大學社會學系碩士論文，2001 年。

葉振富，〈一場現代詩的街頭運動——試論臺灣八十年代的政治詩〉，《臺灣現代詩史論：臺灣現代詩史研討會實錄》，臺北：文訊雜誌社，1986 年，頁 471。

解昆樺，《臺灣現代詩典律的建構與推移：以創世紀詩社與笠詩社為觀察核心》，臺北：秀威科技，2013 年 1 月 17 日。

Pierre Bourdieu 著，蔡筱穎譯，《布赫迪厄論電視》，臺北：麥田，2000。

西蒙‧狄波娃著 梁雙蓮譯，〈我是一個女性主義者〉，《婦女新知》第 31 期，1984 年 12 月。

應鳳凰，〈五○年代臺灣文學論集——戰後第一個十年的臺灣文學生態〉，
　　臺北：春輝出版社，2004 年。

雷震，〈反對黨之自由及如何確保〉，《自由中國》第 2 卷第 7 期，1950
　　年 4 月，頁 14-16。

雷震，〈民主政治就是民意政治〉，《自由中國》第 5 卷第 10 期，1951
　　年 11 月，頁 9-11。

雷震，〈民主政治就是輿論政治〉，《自由中國》第 5 卷第 12 期，1951
　　年 12 月，頁 5-7。

雷震，〈我們為什麼迫切需要一個強有力的反對黨〉，《自由中國》第 22
　　卷第 10 期，1960 年 5 月，頁 7-10。

雷震，〈國民大會要走到那裏去（上）〉，《自由中國》第 8 卷第 11 期，
　　1953 年 5 月，頁 4-7。

雷震，〈創刊「自由中國」的意旨〉，《自由中國》第 16 卷第 6 期，1957
　　年 3 月，頁 6-13。

雷震，〈誹謗之意義及與言論自由之界線（上）〉，《自由中國》第 19
　　卷第 2 期，1952 年 2 月，頁 14-17。

雷震，〈獨裁、殘暴、違背人性的共產黨〉，《自由中國》第 1 卷第 1 期，
　　1949 年 11 月，頁 11-13。

劉淑貞，〈異質他者・文化鏡像——《文星》與中西文化論戰〉，《文訊》
　　313 其，2011 年 11 月，頁 78-82。

劉華真，〈社運組織自我維持的邏輯——消基會、婦女新知個案研究〉，
　　國立臺灣大學社會學系碩士論文，1992 年。

編者，〈編輯室報告〉，《文星》，臺北：文星書店，1961 年 12 月 1 日，
　　頁 2。

編輯室，〈編輯室報告〉，載於《自由時代》週刊第 1 期，臺北：自由時
　　代雜誌社，1984 年 3 月 12 日，頁 1。

編輯室，〈編輯室報告〉〉，《文星》，臺北：文星書店，1962 年 7 月，

頁 2。

編輯部，〈「本社」各地「服務 處」陸續成立〉，《美麗島》第 2 期，1979
　　年 9 月，頁 102-103。

蔡明諺，〈一九五〇年代臺灣現代詩的淵源與發展〉，國立清華大學中國
　　文學系博士論文，2007 年。

蔡明諺，〈龍族詩刊研究──兼論七〇年代臺灣現代詩論戰〉，國立清華
　　大學中國文學系碩士論文，2002 年。

蔣復璁〈追憶胡適之先生〉，《文星》，臺北：文星書店，1962 年 3 月 1
　　日，頁 10。

鄭至慧、薄慶容，〈一九八七職業婦女年專題──正式職業婦女所受的就
　　業歧視〉，《婦女新知》第 58 期，1987 年 3 月，頁 1-9。

鄭南榕，〈為言論自由之役奮戰到底〉，載於《自由時代》週刊 266 期，
　　臺北：自由時代雜誌社，1989 年 3 月 4 日。資料來源：大鐸資訊「臺
　　灣自由時代週刊電子版資料庫」。

鄭南榕、魏廷昱訪問，〈臺灣只要能自由演講一個月，國民黨就會倒！
　　──越洋專訪 FAPA 會長彭明敏〉，載於《自由時代》週刊 106 期，
　　臺北：自由時代雜誌社，1986 年 2 月 3 日。資料來源：大鐸資訊「臺
　　灣自由時代週刊電子版資料庫」。

鄭學稼，〈小心求證『播種者胡適』的大膽假設〉，《文星》，臺北：文
　　星書店，1962 年 2 月 1 日，頁 25-27。

鄭學稼，〈論白話文和白話文的運動──附答李敖先生〉，《文星》，臺
　　北：文星書店，1962 年 4 月 1 日，頁 43-54。

黎東方，〈適之先生二三事〉，《文星》，臺北：文星書店，1962 年 3 月
　　1 日，頁 7。

盧蕙馨，〈我看美國女性主義發展〉，《婦女新知》第 50 期，1986 年 7
　　月，頁 3。

蕭孟能，〈「文星」與胡秋原先生〉，《文星》，臺北：文星書店，1962

年 10 月，頁 11-12。

蕭阿勤，〈時代的裂痕，世代的反思──《文星》、外省第二代、與戰後
　　臺灣文化政治變遷〉，《文訊》第 313 期，2011 年 11 月，頁 83-88。

蕭淑玲，〈臺灣黨外雜誌對黨外運動的作用（1979－1986）：以《八十年
　　代》系列、《美麗島》、《蓬萊島》系列兩大路線為例〉，國立中央
　　大學歷史研究所碩士論文，2006 年。

蕭瓊瑞，《五月與東方：中國美術現代化運動在戰後臺灣之發展
　　（1945-1970）》，臺北：東大圖書，1991 年，頁 117。

賴信真，〈婦女新知初探〉，《史匯》第 1 期，1996 年，頁 99-116。

錢永祥，〈自由主義與政治秩序：對《自由中國》經驗的反省〉，《臺灣
　　社會研究季刊》第 1 卷 4 期，1988 年 12 月 1 日，頁 57－99。

應鳳凰，〈「反共＋現代」：右翼自由主義思潮文學版──五〇年代臺灣
　　小說〉，臺北：麥田出版公司，收錄於《臺灣小說史論》，2007 年，
　　頁 111-195。

應鳳凰，《五〇年代臺灣文學論集──戰後第一個十年的臺灣文學生態》，
　　臺北：春暉出版社，2004 年。

薄慶容、林萊如、石可嘉、呂金偉、許鈺敏、慶琳、傅清君、達明、張泰
　　常、秋釵，〈大家談：如何建立婚姻的幸福〉，《婦女新知》第 21
　　期，1983 年 11 月，頁 34-38。

薛化元，〈《自由中國》地方自治主張的歷史考察〉，收錄於《東亞近代
　　思想與社會──李永熾教授六秩華誕祝壽論文集》，臺北：新自然主
　　義，1999 年。

薛化元，〈雷震「國家統治」機關的改革主張〉，《二十一世紀》第 69
　　期，頁 66-70。

薛化元，〈雷震的國家「統治機構」改革主張──對臺灣自由主義的一個
　　考察〉，《臺灣史料研究》第 20 期，2003 年 3 月。

薛化元，〈臺灣自由主義對國家定位思考的歷史探討──以雷震及《自由

中國》為例〉，《臺灣風物》第 48 卷第 1 期，1998 年 3 月，頁 41-61。

薛化元，《《自由中國》與民主憲政》，臺北：稻鄉出版社，1996 年 7 月。

薛化元，《《自由中國》與民主憲政》，臺北：稻鄉出版社，1996 年 7 月，頁 120。

薛化元，《《自由中國》與民主憲政》，臺北：稻鄉出版社，1996 年 7 月，頁 144。

鍾思嘉，〈如何實施青少年的性教育〉，《婦女新知》第 25 期，1984 年 3 月，頁 39-41。

難賓，〈閩變經過〉，《文星》，臺北：文星書店，1962 年 10 月，頁 13-14。

蘇若萍，〈臺灣政治性別語言的發展與轉變：以八零年代以降的婦女運動分析〉。東海大學政治學系碩士論文，2011 年。

顧忠華，〈自由主義的社會理論──以 Smith 和 Ferguson 為例〉，收錄於蔡英文、張福建主編，《自由主義》，臺北：中央研究院中山人文社會科學研究所，頁 81-104。

顧燕翎，〈「性騷擾」的爭議性〉，《婦女新知》第 25 期，1984 年 3 月，頁 17-18。

顧燕翎，〈從移植到生根：婦女研究在臺灣(1985-1995)〉，《近代中國婦女史研究》第 4 期，1996 年，頁 241-268。

顧燕翎，〈談美 美貌──女人的負擔〉，《婦女新知》第 19 期，1983 年 9 月，頁 53-54。

Fairbank,J.K,1972. Our One-China problem, *Atlantic Monthly* 328. Fiske,J.1992. British cultural studies and television, in R. C. Allen(Ed.), *Channels of discourse: Television and contemporary criticism.*pp. 284-326. The University of North Carolina Press.

Pierre Bourdieu, 1993. *The Field of Cultural Production: Essays on Art and Literature,* Randal Johnson edited, Cambridge: Polity Press. p145.

Pierre Bourdieu, 1996. *The Rules of Art: Genesis and Structure of the Literary*

Field. trans. Susan Emanuel. Stanford: Stanford UP. p234.

Lee, Chin-Chuan,1993. *Sparking a fire: the press and ferment of democratic change in Taiwan,* Association for education in journalism and mass communication.

國家圖書館出版品預行編目(CIP) 資料

黨外風雨：臺灣政論散文的自由意識 / 葉衽榤
　著.-- 初版.-- 臺北市：元華文創, 2019.09
　　面；　　公分

　ISBN 978-957-711-084-8 (平裝)

　1.臺灣政治　2.時事評論

573.07　　　　　　　　　　　　　108006179

黨外風雨：臺灣政論散文的自由意識

葉衽榤　著

發 行 人：賴洋助
出 版 者：元華文創股份有限公司
公司地址：新竹縣竹北市台元一街 8 號 5 樓之 7
聯絡地址：100 臺北市中正區重慶南路二段 51 號 5 樓
電　　話：(02) 2351-1607
傳　　真：(02) 2351-1549
網　　址：www.eculture.com.tw
E - m a i l：service@eculture.com.tw
出版年月：2019 年 09 月 初版
定　　價：新臺幣 350 元

ISBN：978-957-711-084-8 (平裝)

總 經 銷：易可數位行銷股份有限公司
地　　址：231 新北市新店區寶橋路 235 巷 6 弄 3 號 5 樓
電　　話：(02) 8911-0825　　傳　　真：(02) 8911-0801